L'UNIFORME SCOLAIRE

JEAN-CLAUDE
KAUFMANN

L'UNIFORME SCOLAIRE

VÊTEMENT ARCHAÏQUE
OU INSTRUMENT DE LA MODERNITÉ ?

ARMAND COLIN

Armand Colin est une marque de Dunod Éditeur
11, rue Paul-Bert, 92240 Malakoff
www.dunod.com
ISBN 978-2-200-64212-9

INTRODUCTION

Tout semblait clair, simple, logique. Le monde était censé avancer vers le progrès, marqué par l'extension continue des libertés individuelles. Notre rapport aux vêtements illustrait cette épopée limpide. Alors que dans les sociétés anciennes – contrairement à ce que dit le proverbe – l'habit faisait bel et bien le moine, l'ère de l'individu souverain ouvrait sur des espaces infinis de créativité personnelle. À chacun son look, son image de soi, le vêtement devenait un instrument permettant de construire son identité, sa différence, son originalité. Être soi signifiait ne pas être habillé comme les autres.

Pourquoi en serait-il allé autrement à l'école ? Chacune et chacun y arbore donc son jean tendance ou ses baskets pour se distinguer, y compris chez les tout-petits. Car, de plus en plus désormais, l'enfant aussi est une personne armée du droit et du devoir de s'inventer à son idée – avec le discret soutien des parents. Un uniforme scolaire ? Mais de quel anachronisme désuet, sinon ridicule, parlez-vous ? « Tous ceux qui disent que le seul moyen de défendre la République est de revenir aux plumes Sergent Major affaiblissent l'idée républicaine », s'insurgea en 2017 Luc Ferry, alors ministre de l'Éducation nationale[1].

D'autant que, les meilleurs spécialistes vous le diront, à la grande époque de l'école républicaine en France, l'uniforme était une denrée rare[2]. Il ne se manifesta vaguement que sous la forme hésitante de blouses dépareillées et « pendouillantes ». Parler d'un « retour à l'uniforme », dans le rêve éperdu de ressusciter la grande institution scolaire d'autrefois, est donc un non-sens. Même les codes vestimentaires plus modestes – les rigidités, les tenues qui tenaient les corps, les vestons, parfois mêmes les cravates estudiantines – furent relégués aux oubliettes dans le bouillonnement des années 1960-1970 qui brisèrent toutes les entraves, fussent-elles de tissu : seules comptaient désormais la souplesse et la liberté. La messe, semblait-il, était dite. Définitivement. L'uniforme scolaire n'était au mieux qu'une incongruité ou, au pire, l'arme d'un projet réactionnaire scélérat visant à rétablir l'ordre et la discipline en embrigadant la jeunesse.

Pourtant, depuis vingt ans, tel le sparadrap du capitaine Haddock, la question ne cesse de réémerger et de coller aux basques de ceux qui souhaiteraient s'en débarrasser. Plus ils dénoncent son absurdité, son inadéquation, son caractère attentatoire aux libertés, plus la droite conservatrice et l'extrême droite populiste découvrent qu'elles tiennent là un moyen habile pour restaurer l'autorité. Car, pour des raisons assez inexpliquées mais toujours bonnes à prendre, l'opinion s'avère majoritairement favorable à l'uniforme. De plus en plus favorable. Les opposants, désappointés et agacés par cet insupportable sparadrap, hésitent entre dédain, ironie et clameurs dénonciatrices. Sorte de désengagement boudeur qui incite, en laissant la place, à cliver les positions. D'un côté on trouve donc les pour, de plus en plus pour, animés par un projet global et cohérent de rétablissement de l'autorité. De l'autre une contestation molle, refusant de s'impliquer avec sérieux dans le débat.

Avant le chambardement de la dissolution de l'Assemblée nationale en 2024, le président Macron et le gouvernement

Attal, conscients que l'opinion est travaillée par un nouveau désir de discipline et d'ordre, mesurèrent qu'il était impossible d'abandonner cette thématique aux droites s'ils voulaient tenter de reprendre la main. C'est ainsi que refit surface l'uniforme, qui semble permettre de traiter ces thématiques de façon limitée et pragmatique, sans développer toute une idéologie réactionnaire. Un bric-à-brac d'arguments concrets, au plus près de la vie des écoles, furent évoqués : la question des signes religieux ; celle, lancinante, du vêtement des filles, parfois trop couvertes, de la tête aux pieds, parfois pas assez, nombril à l'air ou décolleté plongeant ; la question de la guerre des marques, qui obnubilent exagérément les adolescents et élargissent l'inégalité sociale ; etc. On sentit malgré tout que la conviction n'était pas profonde, la résolution limitée. Il fut décidé de s'en remettre à une « expérimentation », sur la base du volontariat de quelques établissements. Procédé certes démocratique mais bien commode, qui permet de s'en laver les mains si la conclusion n'est pas manifestement probante. La généralisation de la « tenue commune » évoquée pour la rentrée scolaire 2026 pourrait en effet ne jamais avoir lieu. Car la gauche et la très grande majorité des syndicats enseignants s'étant prononcés contre, ce n'est que là où des maires (de droite) très convaincus s'impliquent dans la démarche que des conseils d'établissement décident de se lancer dans l'aventure. Ce qui à l'évidence ne dégage pas le large consensus qui serait nécessaire pour généraliser le port de l'uniforme scolaire.

L'expérimentation est censée être accompagnée d'une évaluation : des études seront lancées, des experts auditionnés. On pourrait donc espérer que cet instrument scientifique change la donne et permette de dépasser les clivages dogmatiques, que des arguments solides aident à se forger une opinion raisonnée sur les enjeux et les effets de la tenue commune. Malheureusement, le précédent des États-Unis permet d'en douter. À la suite de l'initiative du président Clinton – un démocrate et non pas un républicain : les conditions du débat sont très différentes d'un pays à l'autre – plus de cent études furent menées en une dizaine d'années pour tenter de dresser un bilan. J'effectuerai un peu plus loin une rapide synthèse de ces abondants travaux. Le premier point qui ressort est l'absence de consensus, la cacophonie des résultats contradictoires de ces études. On en comprend assez vite la raison : les nombreux biais cognitifs qui faussent l'analyse. Les méthodes, largement fondées sur de simples corrélations, sont discutables, le cadrage des enquêtes est partiel et partial. Surtout, les bonnes questions ne sont pas posées.

Pourquoi une telle pauvreté, pour ne pas dire davantage, du travail scientifique ? Parce que la demande qui a été faite aux chercheurs a pâti d'un délai très court, avec une cible opérationnelle immédiate, ce qui risque bien de se reproduire pour notre expérimentation française. Il faut au contraire replacer la question de l'uniforme scolaire dans sa vaste et passionnante histoire pour en comprendre tous les enjeux dont ceux de notre époque, très actuels et nouveaux. Tout un aspect de l'uniforme scolaire n'a rien d'un archaïsme, il questionne notre modernité la plus avancée dans sa quête progressiste. Voilà bien un énigmatique paradoxe direz-vous. Voire un abusif effet de manche pour appâter le lecteur ? J'espère pouvoir convaincre du sérieux de ma démonstration.

Il sera nécessaire pour cela de commencer par un rapide voyage dans l'histoire. Car la superficialité des débats actuels vient en grande part du fait que nous en ignorons l'essentiel.

Apprêtez-vous donc à découvrir d'autres surprises, d'autres paradoxes. Notamment ceci : à l'origine de l'uniforme scolaire, on trouve un peu la droite traditionaliste, mais surtout la gauche, dans sa composante la plus radicale et révolutionnaire. L'uniforme était vu comme un instrument de la justice et du progrès, de l'avenir. Un programme social qui se poursuit aujourd'hui dans de très nombreux pays. Mais en France, les événements se précipitèrent d'une façon très particulière, débouchant sur un revirement de la gauche et un rejet de l'uniforme.

La Grande-Bretagne ne connut pas ces soubresauts politiques. Dans ce pays où la tradition de l'uniforme scolaire, notamment sa composante sociale, est ancienne, l'habitude s'installa comme une évidence, au-delà des clivages partisans. Et cela, jusqu'à mettre au point une sorte de modèle qui s'exporta à travers le Commonwealth, et bientôt à l'ensemble du monde (excepté l'Europe continentale). On connaît le succès de la jupe écossaise chez les écolières d'Asie, d'Afrique et d'Amérique latine. La comparaison de la trajectoire de l'uniforme scolaire dans les deux pays est très instructive.

Il suffit d'aller de l'autre côté de la Manche et de tourner son regard vers le monde pour constater à quel point la France et l'Europe continentale sont une exception. Partout ailleurs, l'uniforme scolaire s'est installé dans les mœurs. Et nullement sous la forme d'un héritage des temps anciens. Car son usage est la plupart du temps récent, datant de la seconde moitié du XXe siècle, avec une accélération ces dernières années. Aux États-Unis par exemple, ou aux Antilles françaises, qui pouvaient être rapprochés de l'exception européenne, l'uniforme ne cesse de s'imposer davantage depuis vingt ans. Le mouvement est mondial ; le sparadrap ne ressurgit pas par hasard.

Ce livre a pour ambition de rétablir un certain nombre de vérités, pour construire les conditions d'un débat enfin satisfaisant. Un débat qui ouvre sur les questions de société considérables cachées dans les plis de ces bouts d'étoffe. Car c'est certain : quel que soit le destin de l'expérimentation en cours, nous aurons pour longtemps l'occasion de reparler de l'uniforme scolaire.

PREMIÈRE PARTIE

DE ROBESPIERRE À LA JUPE ÉCOSSAISE

CE QUE LA GAUCHE A OUBLIÉ

Premiers uniformes

Les uniformes scolaires ne sont pas apparus d'un coup, en rupture avec un passé où ils n'auraient pas existé ; ils résultent d'une longue histoire. D'abord celle du vêtement en général. Alors que l'individu d'aujourd'hui construit son image par ses choix vestimentaires, celui de la société d'autrefois était à l'inverse défini par la place occupée, à laquelle étaient attribuées des tenues particulières. Se glisser dedans signifiait découvrir le cadre et le sens de la vie. Le tailleur de pierre portait un tablier blanc et le boucher un tablier bleu ; le deuil s'affichait en noir sur une longue période. Les costumes, eux-mêmes inscrits dans des coutumes, marquaient les repères de l'existence, les habits définissaient des fonctions et balisaient les événements.

Il n'en allait pas autrement dans le monde du savoir et des apprentissages scolaires, qui était situé au cœur des institutions religieuses. Maîtres et élèves enfilaient la robe de leur obédience spirituelle. Quand les universités commencèrent à se structurer de façon autonome, des tenues appropriées marquèrent ce mouvement. En 1222, l'archevêque de Canterbury inventa pour Oxford et Cambridge un uniforme spécial, la *cappa clausa*, une toge semblable à celle qui est toujours utilisée de nos jours pour les cérémonies de remise de diplômes dans de nombreux pays. (En France aussi, d'ailleurs, car elle réapparaît depuis quelques années alors qu'on pensait qu'elle allait totalement disparaître ; ceci aussi est un signe.)

Dans cette société où tout vêtement indiquait la fonction – et l'identité –, l'uniforme académique et scolaire n'avait de particulier que son caractère de distinction sociale ; il était le fait d'une élite, très loin du tablier de cuir du forgeron. C'est pourquoi ce qui se produisit en 1552 à l'école Christ's Hospital de Londres est très différent.

S'il faut trouver un début à l'émergence de l'uniforme scolaire, alors il est là, dans ce projet social et caritatif, s'adressant à des orphelins et enfants de familles démunies. L'idée était de leur éviter la disqualification sociale par la scolarisation, en leur offrant des moyens encadrés et égalitaires : un logement, des repas et une tenue commune[1]. Contrairement à la *cappa clausa*, qui multipliait les ornements spécialisés (simarre, épitoge, galons sur la toque, rangs d'hermine) dans les hautes sphères du savoir, la tenue du Christ's Hospital était des plus simples et réellement uniforme : long manteau, short bleu, chaussettes jaunes, foulard blanc. Pendant plus de deux siècles, les *charity schools* vont se multiplier sur le même principe : inclure les plus pauvres par une socialisation scolaire spécifique dans laquelle l'uniforme jouait un rôle majeur. Outre le fait qu'il marquait une rupture, qu'il inscrivait dans l'institution, par-delà son caractère égalitaire, son style également n'était pas sans effet. Si la modestie des tenues avait été décidée en partie pour des raisons économiques, il s'avéra très vite qu'elle répondait avec harmonie à la morale que les promoteurs de l'uniforme souhaitaient diffuser, celle d'une humilité forgeant le respect[2]. Respect pour les maîtres mais aussi pour le savoir, qui était l'instrument de l'émancipation.

Cette émergence de l'uniforme scolaire sous forme d'un projet social est d'autant plus remarquable qu'il s'affranchit également de la tutelle religieuse. Par un concours de circonstances, quand, en 1536, le roi Henri VIII décida la dissolution des monastères pour récupérer leurs terres, cela autorisa un développement plus autonome des *charity schools* (même si les associations qui les impulsaient étaient d'inspiration chrétienne). Le Christ's Hospital par exemple était financé par des souscriptions publiques et des dons. Le style des vêtements n'était plus d'inspiration religieuse mais reflétait simplement les tenues populaires de l'époque[3]. Le mouvement des *charity schools* impliquait des personnes qui s'engageaient dans une visée nouvelle, au caractère social et au caractère politique implicite.

En France, un programme assez équivalent fut impulsé par Jean-Baptiste de La Salle à la fin du XVIIIe siècle, s'adressant aux enfants pauvres et réglant leur vie quotidienne dans la classe de façon égalitaire[4]. À la différence des *charity schools* cependant, qui s'intégrèrent progressivement dans l'ensemble de l'institution scolaire, l'institut des Frères des écoles chrétiennes conserve une organisation catholique : les maîtres peuvent être des laïcs, mais qui consacrent leur vie à Dieu. Cela les laissera sur le côté de la route quand un nouveau discours révolutionnaire, volontiers hostile à l'Église, s'emparera à son tour de la question des tenues scolaires.

Utopistes et révolutionnaires

L'histoire de l'uniforme scolaire est très différente des deux côtés de la Manche. En Grande-Bretagne, l'initiative des *charity schools* se diffuse progressivement, et, en se mélangeant à des traditions plus élitistes, finit par constituer un modèle qui va s'imposer et traverser les époques. Tout cela sans trop de débats, sans trop de discours. En France au contraire, si l'on excepte les écoles de Jean-Baptiste de La Salle, tout va commencer par des écrits et des discours. Des discours enflammés.

Chez les utopistes d'abord, qui rêvent d'une égalité radicale. Gracchus Babeuf, rejoint par Philippe Buonarroti, pense que l'éducation doit forger des citoyens égaux. Projet incluant évidemment une tenue identique puisque l'aspiration égalitariste est plus large encore pour le vêtement : établir un costume unique pour l'ensemble de la communauté nationale. L'école est le laboratoire de cette égalité future. « Dans la République des Égaux où la propriété sera abolie, l'éducation doit être tout entière l'œuvre de l'État et rigoureusement commune et égale pour tous[5]. »

L'idée d'un costume national n'est pas propre aux utopistes. En 1793, Claude-François-Xavier Mercier de Compiègne publie *Comment m'habillerais-je ? Réflexions politiques et philosophiques sur l'habillement français et sur la nécessité d'un costume national*. Bien d'autres révolutionnaires développent cette idée. Le peintre David, par exemple, dirige une « Société populaire et républicaine des arts » chargée d'établir les dessins d'un costume national[6]. « Ainsi est-il possible, à partir de ces différents exemples, de définir les contours d'un complexe discursif en cette fin du XVIIIe siècle autour d'une rhétorique de l'égalité vestimentaire[7]. » Tendance qui va se poursuivre dans les écrits militants les plus radicaux après la Révolution française. « Une idéologie du vêtement communiste se dessine progressivement [durant le] premier XIXe siècle », autour du projet d'un costume uniforme, adapté pour chaque groupe (les femmes, les enfants), chaque fonction (le travail en atelier, la vie domestique)[8]. Gracchus Babeuf, Étienne Cabet, Théodore Dézamy, Richard Lahautière, Jean-Jacques Pillot, tous s'intéressent à la question de l'uniforme populaire. Étienne Cabet ne fait pas qu'écrire ou débattre. L'auteur du *Voyage en Icarie* veut concrétiser son utopie communiste. « Une première avant-garde de soixante-neuf hommes est constituée pour aller fonder Icarie dans le nord du Texas. Quand ils quittent Paris par le train, le 29 janvier 1848, quand ils défilent dans les rues du Havre le 2 février, en silence, en rang par deux, se tenant par le bras, la veille de leur départ pour La Nouvelle-Orléans, ils portent un uniforme : une tunique de velours noir, un gilet de flanelle rouge, des souliers napolitains et un chapeau de feutre gris[9]. » Les événements de février 1848 vont bouleverser les projets, et les milliers de personnes prévues n'embarqueront pas pour Icarie, quelques centaines seulement, parmi lesquelles femmes et enfants, tous en uniforme. Pour les femmes, après deux réunions et un vote, le costume a été dessiné avec précision. « Un peignoir ou pardessus en mousseline, laine couleur grenat, belle qualité, à coulisses tout autour, à revers avec petit col rabattant, foncé sur les épaules, larges manches à revers, ouvert devant pour être boutonné à volonté, les revers, le col et le devant garnis d'un lacet de laine gros bleu, plus court que la jupe de 15 centimètres, avec un col uni et rabattant[10]. » Au-delà des détails, l'important est l'égalité stricte de tous les hommes, toutes les femmes, tous les petits garçons, toutes les petites filles de moins de 10 ans. « Le port de l'uniforme joue un rôle fondamental dans l'intégration de l'Icarien dans sa communauté[11] », c'est un instrument politique visant à réaliser l'utopie communiste.

L'idée novatrice de l'éducation nationale, elle non plus, n'est pas propre aux utopistes, elle est dans l'air du temps révolutionnaire. Et nombreux sont ceux qui vont monter à la tribune ou prendre la plume pour en peaufiner le programme. Soulignant les détails de ce qui, du point de vue vestimentaire, ressemble maintenant au schéma d'un uniforme scolaire : un uniforme révolutionnaire. Parmi diverses propositions, on peut citer celle de Bernard Christophe Faust, influencé par Rousseau, qui publie en 1792 un texte adressé à l'Assemblée nationale et intitulé *Sur un vêtement libre, uniforme et national à l'usage des enfants.* Révolutionnaire mais aussi médecin, Faust a quelques convictions particulières, il faut le dire assez répandues à l'époque, concernant les dangers de la masturbation. Suspectée d'engendrer des frottements pernicieux, il proscrit tous les sous-vêtements et les pantalons[12]. Ses amples toges romaines sans boutons pour laisser circuler l'air[13] ne recueilleront pas l'approbation de l'Assemblée nationale. Le plan de Philippon de La Madeleine pour l'éducation lui non plus ne laissera guère de traces dans l'histoire. Son idée d'un costume sobre pour les enfants du peuple était certes plus adaptée, mais il pensait que les pauvres devaient se résigner à leur état et leur refusait un véritable accès au savoir, l'école se limitant à dispenser une morale religieuse[14].

Le Plan d'éducation nationale

Il en alla très différemment du texte fondamental de Michel Le Peletier de Saint-Fargeau (devenu Le Peletier après son engagement révolutionnaire), le *Plan d'éducation nationale* lu à la tribune par Robespierre le 13 juillet 1793. Projet « admirable d'intention et nullement chimérique », dira Michelet, qui établit « qu'il n'y a nul espoir d'égalité sans la fondation d'une éducation commune et nationale[15] ». Projet légué au « souvenir reconnaissant des générations futures[16] », complétera Louis Blanc. Pendant plusieurs décennies, une tradition socialiste va continuer à rendre hommage au plan Le Peletier pour l'école. Jean Jaurès lui-même, dans son *Histoire socialiste de la Révolution française*, en parlera (avec quelques réserves sur l'internat) comme du « terme idéal vers lequel évolue l'organisation de l'enseignement dans la démocratie française[17] ».

Dans « l'exceptionnel laboratoire d'idées créatrices constitué par la Révolution[18] », le *Plan d'éducation nationale* de Le Peletier est étonnamment visionnaire. Bien qu'il soit résolument engagé, et même radical, il pose les bases de ce que va devenir l'école républicaine en France. L'idée est de soustraire l'enfant aux inégalités de la naissance, en le socialisant de manière séparée et spécifique, unifiée au plan national, parfaitement égalitaire entre les enfants. L'attention est portée sur les familles les plus démunies, en vue de « constituer un peuple de citoyens égaux[19] ». Le texte de Le Peletier s'inscrit dans le projet plus vaste d'une révolution sociale, profonde mais pacifique. « Ici est la révolution du pauvre… mais révolution douce et paisible[20]. »

L'article 2 du décret proposé à l'Assemblée proclame : « L'éducation nationale sera égale pour tous ; tous recevront même nourriture, mêmes vêtements, même instruction, mêmes soins. » Quelle tenue ? Un vêtement sobre, comme il sied au peuple, réalisé avec « les étoffes les plus communes » – loin donc de la théâtralité des uniformes d'Étienne Cabet. De quelle forme, de quelle couleur ? Le Peletier, qui doit régler une infinité de détails, est contraint de renvoyer ce point dans quelques « questions à résoudre » figurant à la fin de son texte. « Questions à résoudre 1/ Quelle est la forme d'habillement complet des enfants de l'un et de l'autre sexe, le plus commode et le plus économique ? Il sera présenté deux modèles, l'un pour l'habillement des garçons, l'autre pour celui des filles. L'auteur du modèle qui sera adopté par la Convention recevra une récompense de 3 000 livres[21]. » Le concours n'aura pas le temps d'avoir lieu, le dessin de l'uniforme scolaire révolutionnaire ne sera pas même esquissé. Car les événements s'accélèrent en cette période cruciale. Le 20 janvier 1793, avant que son texte ne soit imprimé, Le Peletier est poignardé par un royaliste. Ses funérailles grandioses au Panthéon sont peintes par David. Plus tard, en des temps moins favorables, la toile sera détruite. Son frère, détenteur du précieux manuscrit, souhaitait vivement le présenter lui-même à la Convention. Robespierre le pressa pour qu'il lui prête, promettant de lui rendre le lendemain[22]. Mais lorsqu'il l'eut consulté, ébloui par la portée du texte, il aurait déclaré : « C'est admirable, c'est le premier ouvrage qui soit à la hauteur de la République.[23] » Et il s'empressa de se rendre à la Convention pour en faire lui-même la lecture.

L'accueil est mitigé, le plan est âprement discuté et amendé. Les modérés et les libéraux, défenseurs des familles, critiquent notamment l'idée des « maisons d'éducation commune », socialisant les enfants de façon séparée et égalitaire. La Convention en exclut les filles, et laisse la liberté aux familles de décider si elles y enverront ou non leurs garçons[24]. Amendement après amendement, l'esprit d'ensemble se défait. Ce qu'on pourrait appeler une gauche libérale impose l'idée d'un système éducatif beaucoup plus décentralisé laissant des marges de jeu aux familles. L'uniforme scolaire, instrument d'insertion sociale et d'émancipation par le savoir, promu par la gauche républicaine radicale, est oublié avant même d'avoir vu le jour. « Le 30 pluviôse an III (8 février 1795), la réaction thermidorienne, qui allait proscrire les derniers Montagnards, annula le décret qui avait accordé à Lepeletier une sépulture au Panthéon[25]. » Son corps est retiré de l'édifice.

« Animée d'une volonté tout à la fois civilisatrice et unitaire, la Révolution a répandu l'idée de l'État instituteur, mais a échoué à en faire une réalité durable », écrit l'historien Jean-François Chanet[26]. Le contraste est frappant entre l'abondance et la passion des discours d'un côté, « l'attente d'une utopie concrète et réelle, à savoir celle de pouvoir créer, par le biais d'une instruction et d'une éducation publiques, un nouvel homme "républicain"[27] », et la pauvreté des réalisations immédiates d'autre part. Trop d'urgences vitales occupent en effet les esprits (la guerre menace) pour s'engager dans cette révolution scolaire dont la perspective disparaît après la chute de Robespierre, le 9 Thermidor. « Le retour au droit électoral censitaire et le passage à un système éducatif fondé sur des intérêts de classe met[tent] fin à l'utopie pédagogique concrète[28] », aux idées d'un strict partage égalitaire (même instruction, même logement, même nourriture, même costume). Avant que ce revirement n'opère, la gauche modérée avait déjà commencé à fissurer la « maison commune ». La gauche radicale, sur le point d'être défaite et de se perdre dans les outrances de la Terreur, se retrouvait totalement isolée dans sa défense de l'uniforme scolaire.

Après Thermidor, l'uniforme révolutionnaire sera ainsi relégué dans les marges, spécialement les folles et rêveuses expériences des utopistes. Mais un autre type d'uniforme scolaire va soudain émerger, déclenchant cette fois l'opposition réunie de la gauche radicale et de la gauche modérée.

Au son du tambour

C'est Napoléon Bonaparte qui va provoquer ce changement de cap. On ne résume pas en trois lignes la trajectoire complexe de ce général révolutionnaire devenu empereur. Certains souligneront sa posture guerrière, l'autoritarisme et la personnalisation grandissante de son pouvoir, alors que d'autres mettront en avant son œuvre civilisatrice, notamment par l'instauration d'institutions républicaines qui aujourd'hui encore gardent la marque de cette époque. L'école en particulier. La réglementation napoléonienne fixe le monopole d'État sur l'éducation. Les lycées sont instaurés en 1802, sous le Consulat ; un corps d'inspecteurs, des écoles normales pour former les enseignants, l'Université en 1806, dans la période impériale. Le programme napoléonien a ceci de particulier qu'il ne renie pas totalement certaines idées de la gauche radicale, qu'il les récupère, si l'on préfère le dire ainsi, pour les inscrire dans une vision disciplinaire qui ne cessera de s'accentuer sous l'Empire. Le Peletier et Robespierre n'auraient pu ne pas être séduits par bien des aspects reprenant l'esprit du *Plan d'éducation nationale*.

Singulièrement en ce qui concerne l'uniforme scolaire. « Un même vêtement pour tous », avait proposé Le Peletier. Dès leur création, les lycées imposent un uniforme à l'échelle nationale pour les internes. « Habit vert, culotte bleue, collet et parement bleu céleste, chapeau rond et boutons jaune métal[29]. » Si la guerre n'avait pas été aussi présente, et si un général conquérant n'avait pas été aux commandes de la nation, qui sait si l'uniforme scolaire en France n'aurait pas suivi un chemin comparable à celui d'outre-Manche ? Mais à l'inverse, ici, le style se fait rapidement de plus en plus militaire et l'ordre vient d'en haut. « Uniformité, discipline, hiérarchie : tels sont les maîtres mots qui règlent la vie quotidienne au lycée. Les élèves sont tous vêtus d'un uniforme bleu puis gris fer à partir de 1809. Leur réveil, comme les divers moments de la journée, est rythmé par le son du tambour. Ils sont répartis en compagnies aux ordres de sergents et de caporaux pris parmi les meilleurs d'entre eux[30]. » L'uniforme, loin de son origine révolutionnaire, sociale et égalitaire, a soudain pris une tout autre signification. « Napoléon, toujours soucieux de son pouvoir sur les âmes, remanie l'instrument pédagogique afin d'en faire l'une des bases de son autorité, puis de son culte à partir de 1806.[31] » Après 1811, il tente d'élargir cette emprise à l'ensemble des établissements scolaires. « Les institutions et autres pensions devaient contraindre leurs élèves à porter l'uniforme des lycéens sous peine de fermeture[32]. » Les sanctions pleuvent. Mais elles ne font que renforcer les oppositions.

L'influence militaire sur le style des uniformes scolaires en France va perdurer jusqu'à la guerre 1914-1918. Et même s'accentuer après la perte de l'Alsace-Lorraine en 1870. « Gambetta ne s'y trompe pas, qui déclare, dans son discours de Bordeaux du 26 juin 1871, qu'il ne veut pas seulement que le citoyen de demain "pense, lise et raisonne", mais qu'il puisse "agir et combattre" : "Il faut mettre partout, à côté de l'instituteur, le gymnaste et le militaire"[33]. »

L'historien Claude Lelièvre[34] souligne la confusion fréquente attribuant aux instituteurs l'appellation de « hussards noirs » de la République, alors qu'elle désignait les élèves des écoles normales. C'est Charles Péguy qui avait lancé l'expression en 1913, dans les *Cahiers de la Quinzaine* : « Cet uniforme civil était une sorte d'uniforme militaire encore plus sévère, encore plus militaire », car « rien n'est beau comme un bel uniforme noir parmi les uniformes militaires. C'est la ligne elle-même. Et la sévérité ». Les hussards noirs de la République, sanglés dans leurs redingote, pantalon et gilet noirs, étaient idéologiquement en guerre.

Comme les lycéens, ils faisaient partie d'une élite et en étaient conscients, fiers d'arborer ce signe de distinction sociale. En ceci également l'uniforme scolaire en France avait renié son projet politique initial.

La gauche change de camp

L'étatisme napoléonien déclencha une autre opposition, celle de la droite conservatrice. À peine installée, la Première Restauration réforme l'école et remplace le cérémonial militaire par des messes et des prières. « C'en était fini de l'organisation en compagnies avec leurs sergents et leurs caporaux, des exercices militaires, des arrêts remplacés par des sanctions, du tambour donnant le signal de tous les exercices[35]. » En réalité la contestation était moins celle du style militaire, qui ne choquait guère à droite, que celle de l'emprise de l'État sur l'éducation nationale. « L'arrêté du 8 avril 1814 proclamait que "la forme et la direction de l'éducation seront rendues à l'autorité des pères et mères, tuteurs et familles"[36]. » Le libéralisme mettait en avant les familles (qui voudrait s'en prendre aux familles ?), argument moral dissimulant la lutte contre la socialisation étatique.

Dans son retour au pouvoir, pour seulement cent jours, et malgré les urgences du moment, Napoléon n'hésita pas à placer le lycée dans ses priorités : l'uniforme, le tambour et les exercices militaires étaient rétablis[37]. L'État, alors symbolisé par l'uniforme lycéen, avait brièvement repris le dessus.

Curieusement, la place de l'État dans l'éducation divisait aussi bien à droite qu'à gauche. Certes, l'instruction publique fut, depuis la Révolution, au cœur du projet de la gauche dans son ensemble, une œuvre fondatrice dans laquelle, dira Ferdinand Buisson, tous les républicains ne peuvent que se trouver réunis[38]. Réunis mais pas unanimes. Dès le début, nous avons vu les coups de canif lacérant le texte de Le Peletier, perpétrés par des révolutionnaires au nom, là aussi, de la liberté des familles. Tout un éventail de sensibilités sociales-libertaires va accompagner la mise en œuvre de l'instruction publique en traînant des pieds et en formulant des réserves. Alors que pour Jaurès l'universalisme seul permet une véritable émancipation de l'individu, les libertaires se fondent sur l'atome individuel, ici et maintenant, pour combattre l'élargissement de l'emprise étatique. Or, quand celle-ci s'affiche d'une façon manifestement droitière, quand l'uniforme prend un style militaire, qu'il porte des valeurs d'autorité, et est réservé à une élite comme dans les lycées, l'opposition devient plus évidente, claire et radicale. En 1884, dans *Le Cri du peuple*, Jules Vallès reproche à Paul Bert de n'avoir pas « fait tout de suite le procès du lycée », ce « frère cadet de la caserne, soldatisé d'aspect et de régime, pour préparer à l'obéissance passive et plier au joug les futurs soldats »[39].

L'historien Jean-François Chanet souligne cependant que ce procès de l'école-caserne resta minoritaire. La critique de l'uniforme lycéen en particulier était bruyante mais marginale. Surtout dans l'ambiance militariste du tournant du siècle. Bien qu'ayant abandonné son projet social et égalitaire d'origine, l'uniforme lycéen, simplement parce qu'il était inscrit dans les habitudes, continuait son bonhomme de chemin.

Tout changea soudainement dans l'après-guerre. Les vaines atrocités de 1914-1918 avaient terrassé la mentalité belliqueuse, un désir de paix entraînait vers d'autres horizons. La disparition de l'uniforme fut vécue comme une évidence, sans débats. On eut même bien vite l'impression qu'il n'avait jamais existé.

Résumons. Malgré les critiques d'une aile libertaire, minoritaire et à contretemps de son époque, la gauche avait porté l'esquisse d'un projet d'uniforme scolaire, égalitariste et social, qui ne se concrétisa cependant par la suite que sur un mode élitiste et adopta un style militaire. Alors qu'en Angleterre un programme moins politisé l'inscrivait dans les faits, l'uniforme disparut en France et fut oublié.

Quand l'idée réémergea au XXIe siècle, elle fut lancée par la droite et l'extrême droite, qui virent là un moyen de rétablir l'ordre et l'autorité dans les écoles. Le réflexe de la gauche et du monde syndical fut immédiat pour dénoncer cette nouvelle offensive de la réaction. Personne ne se souvint de la lointaine histoire de l'uniforme, personne ne remarqua que le projet initial était bien différent. L'inversion était manifeste ; la gauche avait changé de camp.

Pas toute la gauche, mais presque toute. Un petit courant maintenait la tradition républicaine de l'universalisme et de la nécessaire puissance des institutions ; en d'autres termes, l'héritage de ce que fut la grande épopée de l'instruction publique. C'est notamment le cas, encore aujourd'hui, de la fondation Res publica qui, à la suite de Jean-Pierre Chevènement, considère l'uniforme comme un symbole utile à la restauration de ce qui a été perdu : l'école comme « institution républicaine par excellence », instrument de « réalisation de la promesse des Lumières » [40]. Une voix très isolée cependant.

Car l'amnésie n'est pas seule à expliquer cet abandon par la gauche du camp de l'uniforme. Dans les décennies récentes, le contenu idéologique de cette famille politique s'est profondément métamorphosé. L'universalisme républicain, hier fondateur, est devenu au mieux un affichage de façade, au profit d'une défense des minorités. La République s'efface, subvertie par la démocratisation individuelle et la montée des identités[41]. Le bouleversement est considérable. L'oubli de l'uniforme, qui jusque-là n'était dû qu'aux hasards de l'histoire (notamment l'extrémisme napoléonien), évolue ainsi vers une critique ouverte, qui peut désormais trouver ses justifications. Mais elle le fait contre l'esprit de l'instruction publique, qui avait été l'âme de la gauche au XIXe siècle.

Tout cela sans l'ombre d'un doute, en s'appuyant sur la seule conviction que, puisque l'uniforme apparaît de droite, la gauche ne peut être que contre. Or il y aurait largement matière à réfléchir. Par exemple autour de la question des minorités socialement dominées. Aux États-Unis, le même basculement idéologique qui, d'une façon plus large, pousse aux affirmations identitaires et aux enfermements communautaires, a favorisé la montée d'une critique de l'uniforme dans les minorités, soucieuses de se détacher de la socialisation commune pour afficher un style vestimentaire particulier[42]. Or les nombreuses études qui tentent d'évaluer les effets de l'uniforme, souvent très divergentes – j'y reviendrai –, sont au moins d'accord sur ce point : les conséquences bénéfiques sont plus marquées dans les milieux populaires et pour les minorités[43]. Les pauvres retirent plus que d'autres des bénéfices de l'uniforme. Le rêve de Le Peletier n'avait rien de déraisonnable. Associer la gauche et l'uniforme ne peut être considéré comme une hérésie.

Nous faisons erreur sur la blouse

Après que le strict uniforme de style militaire eut disparu dans les lycées, l'entre-deux-guerres vit les écoliers se parer d'un autre type de tenue. Une blouse, le plus souvent grise pour les garçons, qui avait perdu la rigidité et la superbe d'antan, mais était au contraire informe et « pendouillante », gardant la marque de ses origines, qui furent modestement rurales avant que la blouse ne se généralise à l'ensemble des établissements dans les années 1950. L'historien Claude Lelièvre note qu'on ne peut parler à son propos d'uniforme tant les styles sont disparates. Il suffit de regarder les photos de classe de l'époque pour distinguer toutes les nuances de gris, les coupes variables ; les longues, les larges, les courtes. Les blouses par ailleurs n'ont pas été instaurées dans une logique institutionnelle (ce qui explique qu'elles soient disparates), mais proviennent au contraire d'une initiative des familles, dans une visée fonctionnelle : protéger les habits civils des taches d'encre[44]. Elles ne constitueraient donc en rien un uniforme scolaire.

Il faut dire cependant que les recherches à leur propos sont rares et peu détaillées ; elles se dissolvent dans une banalité ordinaire sans attirer l'attention. Et quand une remarque les évoque au détour d'un paragraphe, c'est bien souvent pour signaler combien elles sont loin d'un véritable uniforme, une sorte de molle copie sans âme. Elles apparaissent comme un habit de second rang, dérisoire, et il faut le dire, quelque peu méprisé.

Ce dénigrement tranquille de la blouse de nos écoliers d'antan trouve certes une justification. Non parce qu'elle n'a guère fière allure (il faudrait sinon dévaluer de même les uniformes des *charity schools*), mais parce qu'elle ne résulta pas en effet d'un projet institutionnel, d'une volonté venue d'en haut d'inscrire le repère d'une socialisation particulière. La blouse, au contraire, est venue d'en bas.

Or c'est là tout son intérêt, qui mérite que l'on s'interroge à son propos. Comment se fait-il qu'en l'absence d'une politique de l'uniforme scolaire, comme elle pouvait exister en Angleterre, le besoin se soit fait sentir d'en inventer un simulacre ? Des blouses rudimentaires et variées, c'est vrai, mais qui parvenaient malgré tout à se rapprocher d'une relative uniformité. On peut évoquer les taches d'encre, bien sûr, cela a sans doute joué, notamment dans les premières décisions individuelles. Mais la généralisation de la blouse suggère vraisemblablement autre chose, de plus profond, qui a trait à la fierté populaire, la conscience que les enfants avaient un statut dans la socialisation scolaire, et qu'il était nécessaire de marquer cette prise de rôle. La blouse, aussi modeste soit son apparence, avait une forte portée symbolique.

Le contraste entre ce qu'elle donne à voir d'elle-même et son trésor caché est frappant. Aude Le Guennec, anthropologue qui est une des rares à avoir détaillé les plis les plus fins des habits d'écoliers d'autrefois[45], a constaté combien ce qui avait été vécu comme une banalité a eu un pouvoir d'effacement de nos souvenirs (car, pour vivre la banalité, qui est une nécessité vitale, le socle des évidences constitutives du sujet, il faut briser toute réflexivité, ne pas la penser[46]). Les habits ordinaires tendent à l'invisibilité et à l'oubli. Les musées recueillant des vêtements et objets scolaires ont dû faire face à cette difficulté, la récolte était maigre. Excepté pour les blouses[47], dont on sentait qu'elles témoignaient de quelque chose d'important. Les réactions vibrantes du public montrent également que la médiocrité de leur image n'était qu'une apparence, elles délivraient secrètement un insaisissable message.

Puis dans les années 1960 tout changea, avant même l'apothéose disruptive de 1968. Le sujet émergeait sur le devant de la scène, brisant tous les cadres, les carcans. Le corps se libérait des contraintes, des vêtements trop rigides, tristes ou convenus. La blouse, plus que tout autre fut, non pas mise au pilori (car on ne lui fit pas même l'honneur de faire son procès en bonne et due forme), mais simplement abandonnée. Ne laissant qu'un vague souvenir, dans un recoin sans importance.

Nous faisons totalement erreur sur la blouse. À sa manière incertaine, elle indiquait sans doute comment les milieux populaires peuvent être attachés à l'uniforme scolaire.

QUE NOUS DIT LE SUD ?

Un uniforme pour les pauvres

Dans les débats actuels sur l'uniforme scolaire en France, la question sociale (favoriser les plus modestes) est quasiment absente. Or il suffit de porter le regard sur le reste de la planète pour constater combien cette omission nous est particulière. Spécialement quand on observe ce qui se passe dans les pays pauvres, émergents et émergés d'Afrique, d'Asie et d'Amérique latine – ce qu'il est convenu aujourd'hui d'appeler « le Sud » – un tout autre monde de l'uniforme scolaire apparaît. Dans ces vastes étendues, il constitue la norme, une évidence largement partagée. Et il y est fréquemment perçu comme l'instrument d'une politique sociale en direction des plus démunis.

Dans les villages éloignés du nord montagneux de la Thaïlande, la scolarisation, vecteur d'ascension sociale, parviendrait plus difficilement à arracher à la pauvreté sans l'uniforme[1]. Il propulse clairement et immédiatement dans un autre cadre de socialisation. Le repère s'est tellement installé dans la plupart des pays du Sud qu'on le voit aussi fonctionner, par la négative, dans les situations extrêmes d'exclusion sociale. Comme dans cette école rudimentaire et informelle, « sous les arbres », ayant peu de cahiers et crayons, qui attire des enfants des bidonvilles de Bombay[2]. Pas d'uniformes pour tous, les familles n'en ont pas les moyens, mais dès qu'elles le peuvent, elles tentent d'en récupérer, plus ou moins défraîchis, abandonnés par des familles plus riches. L'uniforme est une sorte de garantie, de protection, qui conjure le risque de marginalisation. Dans les écoles où tous n'ont pas accès à l'uniforme, ceux qui en sont démunis sont handicapés par ce manque et sujets à la stigmatisation. Les enfants centrafricains réfugiés dans la région de l'Est-Cameroun, par exemple, sentent ainsi qu'ils ne sont pas des écoliers comme les autres, à part entière[3]. L'uniforme permet à la fois d'entrer dans la normalité et d'accéder à la respectabilité sociale.

Il y a bien sûr un revers de la médaille. En Mongolie, où les uniformes sont à la charge des familles, les élèves les plus pauvres, condamnés à se rendre à l'école avec des vêtements plus simples, sont fortement disqualifiés[4]. La question du financement des uniformes est cruciale et constitue un débat récurrent dans de nombreux pays. Les États sont tiraillés entre la conviction de l'importance de l'uniforme comme instrument d'intégration, de politique sociale, et le problème de la faiblesse des ressources publiques. Dans la plupart des pays la décision est intermédiaire : les familles contribuent en partie au financement[5]. Dans ceux où elles contribuent fortement, ou, comme en Égypte, financent totalement l'uniforme sur leurs propres deniers, les effets pervers sont fortement amplifiés. Alors qu'il aurait dû être un instrument d'intégration, l'uniforme se retourne en instrument d'exclusion massive des plus pauvres.

C'est pourquoi nombre d'ONG ont placé cette question de l'uniforme dans leurs axes prioritaires. Prolongeant ce que fut autrefois la croisade des *charity schools*, elles offrent l'uniforme aux plus démunis ; au même titre parfois qu'une ration alimentaire. Le repas permet d'éviter la famine, l'uniforme d'intégrer le monde du savoir et de la formation. Au

Kenya, l'ONG Child Support Africa combine intervention sanitaire contre les vers intestinaux, fourniture d'un petit déjeuner, et des uniformes[6]. Le coût et l'efficacité de chacune des interventions sont évalués : la fourniture d'uniformes permet d'augmenter significativement le nombre d'années de scolarisation.

De plus en plus d'uniformes

L'Europe continentale est une exception. Dans l'immense majorité des pays, l'uniforme scolaire est la norme, une habitude ordinaire, une évidence partagée. Cela devrait nous interpeller et nourrir les débats. Pour quelles raisons le port de l'uniforme se développe dans l'ensemble de la planète, spécialement dans la période récente ?

On peut schématiser cette évolution. Il y a d'abord, bien sûr, l'espace d'influence qui fut celui de la Grande-Bretagne, ses nombreuses colonies, le Commonwealth. Dans presque tous ces pays, le modèle anglais qui s'est définitivement installé au XIXe siècle s'est reproduit sans la moindre rupture. Y compris quand de nouvelles nations ont déclaré leur indépendance, l'uniforme est resté identique à lui-même, campé sur ses évidences. Il y a ensuite les nombreux pays d'Asie et d'Amérique latine qui, sous l'influence plus ou moins directe du modèle anglais adapté à certaines spécificités locales, ont opté pour l'uniforme, parfois dès avant le XXe siècle. En 2006 au Chili, c'est en uniforme que les lycéens défilèrent massivement pour défendre le droit à l'éducation (d'où le nom donné à leur mouvement : la « révolution des pingouins[7] »). Il y a enfin la petite zone de résistance, notamment sous influence française qui, comme en métropole, pense que l'absence d'uniforme se fonde sur une sorte de normalité universelle. Ou plutôt qui pensait. Car si dans l'Hexagone les idées ne changent pas, elles bougent ailleurs. Comme des dominos s'écroulant à la suite, nombre de pays basculent depuis quelques années dans l'acceptation et la promotion de l'uniforme scolaire.

L'exemple de la Martinique est particulièrement révélateur. Notamment parce qu'il ne s'agit pas d'un État et que la décision n'est pas venue d'en haut. Comme pour les blouses autrefois (mais il débouche ici sur un véritable uniforme scolaire), le mouvement est d'autant plus significatif qu'il s'est propagé de lui-même. Le sociologue Michel Tondellier en a analysé les détails. « L'origine de la politique du port de l'uniforme à la Martinique est moins à chercher du côté d'une décision, prise à un moment donné par un groupe, sans doute dominant, et imposé à d'autres, que dans une succession de microdécisions, négociations, microarbitrages et compromis locaux[8]. » Commencée discrètement dans les années 1950, la diffusion s'est brusquement accélérée dans les années 2000, les simples *dress codes* étant supplantés par une « vague d'uniformisation qui a déferlé sur le territoire[9] ». Si le port est encore inégal dans le primaire, la quasi-totalité des collèges et lycées sont désormais concernés ; et le mouvement d'extension continue. L'évidence, pourtant récente, s'est si puissamment constituée que même la gauche locale ne trouve rien à redire à l'uniforme.

Dans d'autres pays, anciennes colonies françaises, le basculement vers l'uniforme suit un schéma plus classique car venant d'en haut, des pouvoirs nouvellement conquis à l'idée. La République du Congo a ainsi décidé en 2023 d'instaurer un uniforme défini par décret ; dans les tons bleu clair et bleu marine pour les filles, kaki pour les garçons[10]. Au Togo, par décision du ministère de l'Enseignement en cette même année, ce sera kaki pour tout le monde. « Le ministre de l'Enseignement a dû harmoniser les choses dès cette rentrée en exigeant une chemise ample, un pantalon descendant jusqu'au talon, conçu dans le même tissu kaki pour les garçons, et une chemise ample en popeline blanche, une jupe ovale et/ou plissée, de couleur kaki, couvrant les genoux pour les filles. Une décision qui, aux yeux du sociologue Eglou Tchouwa, vise à recréer une discipline vestimentaire[11]. » L'initiative est saluée par le Mouvement national des élèves et étudiants du Congo, syndicat lycéen : « Nous avons applaudi et remercions vivement le gouvernement. C'est cela lutter contre les violences en milieu scolaire parce que l'école, c'est un lieu sacré[12]. » Un sociologue et un syndicat lycéen qui approuvent l'instauration de l'uniforme ; décidément nous sommes bien loin de l'Hexagone !

Certes, parfois, on note quelques mouvements inverses. En 2001 en Côte d'Ivoire, le gouvernement de Laurent Gbagbo décide d'une « libéralisation du port de l'uniforme », signifiant par là qu'il ne serait plus obligatoire. L'argument avancé est social : cela coûte cher aux familles, un vêtement ordinaire est moins onéreux. On peut penser également qu'en arrière-plan, les références culturelles européennes autour de la liberté individuelle ont joué un rôle, la tenue personnelle affichant un signe de modernité. Or la mesure déclencha une puissante opposition. Notamment de la part des fédérations de parents d'élèves, cherchant « à sauvegarder un statut social et symbolique de l'élève, dont l'uniforme était le signe », un signe qui « distingue l'écolier du paysan, le lettré de l'analphabète[13] ». L'uniforme est un symbole d'ascension sociale.

L'ordre colonial et sa suite

L'histoire de l'école dans les pays anciennement colonisés ne peut se comprendre sans remonter à ce qui s'est passé pendant cette colonisation. Car les armées qui conquéraient de nouveaux territoires et soumettaient les populations locales commençaient très vite par installer une école pour asseoir leur pouvoir, au nom de la civilisation et du progrès. Au Burkina Faso et au Mali par exemple, les premières écoles furent même construites par des militaires, qui y dispensèrent les cours avant que ne soient nommés des enseignants[14]. L'école était édifiée à proximité des autres bâtiments administratifs, encerclant la tour de l'horloge, qui marquait une nouvelle temporalité[15].

Cet ordre ne fut jamais remis en cause après les indépendances, nulle part. La socialisation scolaire, bien cadrée, qui avait été mise en place, donnait une assise aux nouvelles autorités, y compris, et peut-être surtout, quand ces écoles gardaient un héritage des accents militaires des débuts (au début du XXe siècle en Côte d'Ivoire, tout est rythmé au son du clairon[16]). Mais cet outil de gouvernance voire cette arme pour imposer une autorité, avait en même temps une dimension progressiste et sociale. L'école permettait l'accès au savoir et à la modernité, elle pouvait aussi être vectrice d'intégration et de mobilité sociale[17]. Elle avait une double utilité, qui la rendait absolument incontournable.

C'est pourquoi rien ne changea ou presque. L'architecture des bâtiments, inscrivant cette socialité particulière dans un espace séparé, la discipline des corps assujettis à de longues positions assises, la stricte rigidité des horaires. Là où l'uniforme était déjà, dans les pays de l'ancien Empire britannique, il devait inévitablement être maintenu. Une école n'aurait pas été une vraie école sans l'uniforme.

Dans les colonies françaises, y compris quand le cérémonial scolaire conservait un parfum militaire (clairon, marche en rang ou lever des couleurs), le paradoxe voulut que l'uniforme y soit peu présent puisque, au XXe siècle, le modèle métropolitain n'arborait au mieux que des blouses disparates. Il était donc absent quand l'héritage de la socialisation scolaire fut transmis, au moment de l'indépendance. Et cela d'autant plus que celle-ci advenait presque en même temps que le puissant mouvement d'autonomisation individuelle, qui emportait dans son élan toutes les démocraties avancées. L'heure était à la liberté de l'individu, et notamment de la façon de s'habiller, permettant d'afficher une identité particulière.

Mais ce mouvement, comme l'a montré le sociologue François Dubet[18], grignotait de l'intérieur les institutions et les affaiblissait, notamment l'institution scolaire : l'écolier devenait un individu comme les autres, dont on devait respecter les désirs et les attentes. Comment un nouvel État, aux bases encore fragiles, pouvait-il accepter d'accentuer lui-même un processus de déstructuration d'institutions à peine constituées ? L'autonomisation individuelle posait là une difficulté particulière. Il semblait nécessaire, voire urgent, d'instaurer quelques garde-fous, des repères institutionnels, des symboles. Il était donc inéluctable qu'un jour ou l'autre l'uniforme s'invite dans les débats. Et ce d'autant plus que dans des pays voisins, il affichait avec assurance sa normalité, épinglant un signe très visible pour établir l'institution. C'est ainsi que la zone d'influence de la particularité française du refus de l'uniforme rétrécit comme peau de chagrin.

La fin de l'exception française

Cette fin d'une exception provenait en partie de l'ambition de nouveaux dirigeants soucieux d'asseoir leur autorité par une discipline des comportements. Mais pas seulement, le mouvement était aussi beaucoup plus profond, et à nouveau l'exemple de la Martinique permet de l'illustrer. Car c'est aussi d'en bas, surtout à partir de la volonté affirmée des parents d'élèves, qu'un désir de marquage du statut d'écolier devenait de plus en plus pressant.

Je prends l'exemple de la Martinique car c'est le plus documenté, grâce à l'enquête de Michel Tondellier. Mais la situation est la même en Guadeloupe ou en Guyane, et guère différente dans d'autres territoires d'outre-mer. En Nouvelle-Calédonie, les élèves des écoles primaires portent un polo unique. En Polynésie, malgré une tentative d'annulation par le tribunal administratif, l'uniforme s'est réinstallé dans la plupart des collèges[19]. Le Syndicat national des lycées, collèges, écoles et du supérieur (SNALC) de Guyane ne peut que constater que l'uniforme « nous paraît effectivement avoir fait ses preuves sur nos territoires[20] ». Ce qui est vrai d'un côté de l'Atlantique ne l'est pas de l'autre.

En Martinique, les adolescents des grandes classes sont un peu moins enthousiastes que leurs parents, menant discrètement une petite guérilla pour personnaliser leur tenue (en raccourcissant la jupe ou en sortant le T-shirt du pantalon)[21]. L'uniforme, souple en primaire, strict au collège, est donc à nouveau plus souple au lycée. Ce qui n'empêche pas les parents de le plébisciter. Quand on les interroge sur les raisons de ce soutien massif[22], ils peinent à trouver les mots et à formuler des arguments : « c'est plus égalitaire », « c'est plus simple pour habiller les enfants le matin ». Ou « cela diminue la violence », montrant par cet argument qu'ils sont aussi influencés par ce qui se passe aux États-Unis voisins. En réalité ils n'ont guère réfléchi au pourquoi, ils sont intimement convaincus, c'est tout, comme une évidence qui aurait remonté des profondeurs. Une évidence collective, cohérente avec ce qui se passe dans les pays du Sud. « A-t-on légiféré pour mettre en œuvre des politiques d'uniformisation des élèves dans les outre-mer ?

À l'évidence, non[23]. » La décision est venue des conseils d'établissement, entraînée par les parents, avec le soutien des enseignants et de leurs syndicats. « Le mouvement a été à ce point général qu'il a rallié – implicitement – à son consensus à la fois le rectorat et le ministère par un accord tacite[24]. » Comme s'il se passait quelque chose d'incompréhensible dans les Antilles, un exotisme mystérieux, Paris a préféré fermer les yeux.

La société française hexagonale dans son ensemble n'est pas en reste pour se voiler la face, ne pas essayer de comprendre ce qui se passe au Sud, notamment la fierté de l'école qui s'y manifeste, un sentiment très affaibli quand, comme ici, l'affirmation du sujet prévaut sur l'institution. « Dans les pays qui se reconstruisent, les jeunes sont avides de connaître, conscients de leur chance d'être scolarisés, écrit Xavier Darcos, ancien ministre de l'Éducation. J'ai beaucoup voyagé dans les pays émergents, en Afrique, en Asie du Sud-Est, en Amérique du Sud. Partout, des uniformes simples et gais, partout la même fierté d'appartenir à un établissement, la joie d'apprendre[25]. » Sans cette fierté et cette joie, tout ce qui institue l'école comme une entité supérieure et séparée provoque au contraire d'emblée un sentiment de rejet. L'uniforme encore plus que tout autre symbole.

Nationalisme et communautarisme

Certes le désir d'apprendre n'est pas seul en cause, les visées politiques peuvent donner un tout autre visage à l'uniforme, qui se transforme alors en arme aux mains d'un pouvoir autoritaire. Le style militaire très fréquent n'est pas là pour rassurer, comme la couleur kaki pour les garçons en Afrique. Mais il ne faut pas généraliser abusivement, un symbole peut très bien se séparer de son histoire et se banaliser. Dans plusieurs pays, les uniformes kaki n'ont plus rien de militaire, c'est une couleur comme les autres.

Il faut de la même façon analyser avec beaucoup de prudence et de précision les mesures qui tendent à renforcer le nationalisme et le patriotisme. Autant les dérives sont possibles et souvent dramatiques, autant une certaine dose de nationalisme bien manié peut parfois s'avérer nécessaire pour unifier le peuple, conjurer les conflits internes et fonder l'institution.

Nombre de pays nouvellement formés sont composés de cultures et ethnies diverses qui, à la moindre crise, peuvent se replier sur elles-mêmes voire se déchirer dans des conflits sans fin. Particulièrement à notre époque, marquée par des affirmations identitaires de toutes sortes, qui déchaînent des passions aveugles. Les minorités religieuses également sont guettées par l'hydre identitariste, qui pousse à s'enfermer dans ses certitudes pour affronter ceux qui ne les partagent pas. La référence nationale fonctionne alors comme un instrument d'unification, et aussi, on l'espère, de pacification.

Mais il arrive que le projet éducatif laïc soit en minorité dans une société qui reste religieuse dans ses profondeurs. L'uniforme, emblème de ce projet, doit donc affronter là une hostilité quotidienne. À Nadjaf, en Irak, un journaliste se souvient de son enfance. « Nous avons vécu des jours cauchemardesques quand ils nous ont forcés, à l'école, à porter des pantalons au lieu de la *dishdāsha*[26]. » Les élèves en vestes et pantalons n'osaient plus sortir dans la rue à la fin des cours. « Les oulémas conservateurs et les *mullālī* qui enseignaient dans les mosquées avaient constitué un groupe de leurs élèves et de garçons des ruelles qui n'étudiaient pas, et ils nous attendaient à la sortie de l'école puis se faufilaient pour nous "mettre la main au cul" (*yub'aṣū-nā*)[27], nous les élèves, parce que nous portions un pantalon anglais. » Les injures et moqueries fusaient, mais aussi les sandales et les pierres.

En 1994, le ministre de l'Éducation égyptien instaure le port d'un uniforme scolaire obligatoire, vecteur d'unité nationale et symbole d'une institution du savoir. En réalité il cible plus particulièrement les filles, qui tendent à se particulariser par un vêtement islamique, surtout le port d'un voile. Face aux oppositions massives déclenchées par son initiative, il concède d'ailleurs que les cheveux pourront être couverts s'ils laissent apparaître le visage, mais il maintient le reste de la tenue (chemisier blanc, jupe « de longueur appropriée »). Les élèves ne respectant pas ce code vestimentaire ne sont plus acceptés dans les établissements[28]. Trente ans plus tard, la confrontation entre ce projet éducatif national et la contestation islamique (venant notamment des Frères musulmans) agite toujours le pays, chacun campant sur les mêmes positions[29].

L'interdiction du voile intégral, sous couvert de promotion de l'uniforme, est d'abord dénoncée au nom de la défense de la liberté individuelle. Argument commode, cueilli dans l'air du temps, masquant une intention qui n'a rien à voir avec la liberté individuelle. Tout au contraire, la vision islamiste de la société inscrit l'individu dans une bulle de certitudes et un ordre moral qui se concrétise dans les détails du quotidien. Particulièrement pour les femmes, qui se voient assignées à un type de vêtement très précis, une sorte d'uniforme donc, et pas seulement à l'école.

Dans les écoles de nombreux pays musulmans, le code vestimentaire pour les filles ressemble donc lui aussi à un uniforme, parfois alternatif, contrastant avec les injonctions de l'État comme en Égypte, parfois s'emparant de la société tout entière. Mais cet « uniforme » est d'une nature très différente. Il n'a plus rien à voir avec le programme lointainement héritier des Lumières, fondé sur l'acquisition d'un savoir critique, ouvert à toutes les avancées de la science. Il emprisonne l'individu dans une idéologie.

Une telle dérive de l'uniforme, le faisant passer d'une logique d'ouverture au savoir à une logique d'enfermement, ne se produit pas seulement quand la religion s'en empare. Elle est aussi fréquente dans le domaine politique, quand un pouvoir autoritaire ne se borne pas à manier le nationalisme dans un sens unificateur et pacifique.

Tous les degrés, toutes les modalités, sont possibles. En Mauritanie par exemple, l'uniforme scolaire a été rendu obligatoire pour la rentrée 2024. Il a été présenté par le ministre de l'Éducation comme un symbole d'égalité et de fraternité, constitutif de l'école républicaine ; ainsi qu'un élément d'une politique sociale, les uniformes étant financés par l'État pour les familles les plus pauvres. Bien, très bien. Mais il y a une contrepartie, l'arabisation à marche forcée du pays[30]. L'uniforme se transforme facilement en instrument d'un pouvoir fort pour imposer ses vues particulières.

Alors, le projet éducatif et social peut se transformer en tout autre chose, quand un pouvoir arbitraire voire despotique cherche à imposer discipline et soumission. Si on fait un tour du monde des écoles, et que l'on observe les rituels ordinaires, il est souvent difficile de situer précisément le curseur, s'il y a le début d'un revirement. On voit dans de nombreux pays beaucoup d'hymnes nationaux chantés en chœur, beaucoup de drapeaux, mais sans que cela, comme pour l'uniforme kaki, ne renvoie obligatoirement à un nationalisme agressif. Tout dépend de la manière dont cela est vécu et du contexte. Lorsque par exemple, à Bali, les murs de la classe sont tapissés des photos des dirigeants indonésiens et de slogans politiques[31] plutôt que de cartes de géographie ou de tables de multiplication, on sait à l'évidence qu'ici un degré a été franchi (dans le cadre d'institutions qui restent officiellement démocratiques).

Le degré ultime est la contamination scolaire par la propagande du régime, comme cela se passe actuellement en Russie où l'« éducation patriotique » est censée contrer les « agressions idéologiques » occidentales[32]. Et la militarisation à outrance des rituels, quand l'uniforme installe le premier jalon d'une préparation à la guerre, quand le kaki prend une signification plus nette. Une telle « militarisation de l'enseignement » est hélas à l'œuvre, entre autres, au Soudan[33], pays ravagé par les massacres.

Ces dérives toutefois, qui montrent qu'il existe une deuxième vie possible de l'uniforme (et qu'il ne faut jamais oublier cette dualité), ne doivent pas conduire à une simplification et à une caricature, masquant l'aspect principal, le fait que l'uniforme est majoritairement vécu comme l'élément d'une politique éducative. Qui semble parfaitement convenir à ceux qui la vivent de l'intérieur. Ce qui explique qu'il soit si répandu sur la planète.

Le rapide voyage effectué dans les pays du Sud me semblait nécessaire pour montrer que notre situation, qui nous paraît évidente (considérer l'uniforme comme un exotisme voire une incongruité) est en fait particulière. Ce sont moins les autres qui sont bizarres, que nous, les Européens continentaux, qui faisons exception. Il faut souvent ainsi déporter le regard pour commencer à s'interroger, briser les fausses évidences.

Et, pour en venir à la source, il me paraît utile de raconter comment tout cela a commencé en dehors de chez nous : la genèse du modèle anglais.

LE MODÈLE ANGLAIS

Les pauvres et l'élite

Certes, toute l'histoire de l'uniforme, et de ses succès récents, ne tourne pas uniquement autour du modèle anglais. Il faudrait notamment pouvoir raconter en détail ce que Rachel Shanks a appelé le « modèle prussien[1] », quand, au XIXe siècle, prolongeant ailleurs ce qui avait déjà été entrepris par Napoléon, une militarisation des tenues scolaires masculines appuyait la montée d'un nationalisme triomphant. La deuxième vie de l'uniforme (que l'on voit prospérer aujourd'hui en Russie, au Soudan, et dans bien d'autres pays), a, elle aussi, une longue histoire.

Mais c'est de sa première vie, sociale et éducative, la plus importante, que je voudrais parler ici. Celle que nous avons déjà vue à l'œuvre dans les *charity schools* anglaises, instrument d'une politique éducative qui sortait les enfants de la pauvreté. L'uniforme, sobre et égalitaire, inculquait des valeurs de respect et de modestie[2]. Le mouvement, parti de Christ's Hospital en 1552, va se répandre dans toute l'Angleterre puis au Royaume-Uni pendant plus de deux siècles. Parallèlement, d'autres écoles, très différentes, se structurent, les *public schools*, comme Eton College ou Westminster School, qui visent au contraire à former l'élite de la nation. Bien qu'elles accueillent quelques boursiers, le filtrage social des entrées est particulièrement sévère. Tout est fait pour les séparer de la masse, notamment l'uniforme, à la charge des familles et qui est très onéreux[3]. À l'opposé de celui des *charity schools*, il ne cherche ni la sobriété ni la modestie, mais arbore au contraire des signes distinctifs qui affichent la fierté d'appartenir à une caste privilégiée, et à un établissement de prestige. À Eton par exemple, les élèves portent encore aujourd'hui une sorte de queue-de-pie. Et le chapeau haut-de-forme ou l'*Eton collar* (large col blanc amidonné) n'ont disparu que dans les années 1960.

Il y a donc uniforme et uniforme. Mais entre ces deux extrêmes sociaux, il est important aussi de considérer que, quels que soient ses détails et le contexte, le port de l'uniforme se généralise au XIXe siècle, et s'installe comme un repère de l'institution scolaire et de sa socialisation particulière. Ce consensus relatif, qui contraste fortement avec ce qui s'est passé en France, explique que ce « modèle » ait été très largement exporté, dans l'extension de l'Empire britannique. Quand, partout à travers le monde, le Royaume-Uni implantait des écoles, il y avait donc des uniformes. Ainsi en Australie, l'influence britannique « s'est transposée en bloc dans le système éducatif[4]. » Kate Stephenson, dans son remarquable ouvrage[5], très documenté, ajoute même qu'on peut le considérer comme un marqueur de la colonisation, porteur d'un éthos et signant l'image de l'Empire britannique. Pour l'administration coloniale, il était un instrument ordinaire mais primordial.

Questions de style

Ce ne fut pas la queue-de-pie d'Eton qui s'imposa à travers le monde : trop élitiste et surannée. Mais un autre style, bricolé au carrefour d'influences diverses. Dont l'imaginaire militaire. Car, au milieu du XIXe siècle, comme dans toutes les autres nations européennes, cet imaginaire a joué un grand rôle. Il se focalisa cependant sur des détails stylistiques, suggérant un décorum vaguement militaire ; stricte cravate et blazer aux boutons dorés. Style qui fut bientôt adopté par la majorité des *public schools*[6]. Il avait quelque chose de militaire qui n'était plus vraiment militaire, et cette ambiguïté allait largement favoriser son succès.

La forme et le fond ne constituent jamais un bloc immuable. Il est très intéressant, dans l'histoire de l'uniforme, non pas de suivre l'évolution des styles, comme on le ferait pour des changements de modes, mais d'étudier le lien unissant les signes extérieurs et tout ce à quoi ils renvoient, l'éthos qu'ils inscrivent dans les profondeurs, l'imaginaire qu'ils déploient. Car ce lien est extrêmement changeant. Alors que parfois il est fort et direct (l'uniforme scolaire militaire d'un État guerrier), à d'autres moments il ne semble plus exister. Sans compter que fréquemment les significations changent, voire qu'elles peuvent même s'inverser.

Les uniformes des *charity schools* étaient sobres et rudimentaires, mais portaient malgré tout un insigne. Non pas pour distinguer par le haut, comme à Eton, mais pour simplement indiquer que l'on était un pauvre. La pratique était courante à l'époque pour les adultes d'une paroisse, et ne visait nullement à disqualifier : le pauvre était, d'une certaine manière, reconnu et respecté, digne de charité[7]. Les derniers seront les premiers. Au XVIIIe siècle cependant, ce statut se défait, et le pauvre commence à être renvoyé à sa seule pauvreté, misérable et détestable, les insignes se retournent en stigmates, et sont progressivement abandonnés pour éviter l'humiliation. Sauf dans les écoles. Car, par la grâce de ce qui se passait dans les *public schools*, une discrète influence se propagea, et les insignes changèrent de signification. Elles annonçaient désormais une fierté, notamment celle d'appartenir à l'établissement scolaire. Dans leur graphisme, ils étaient pourtant restés les mêmes.

Les évolutions stylistiques de l'uniforme se caractérisent par une contradiction intrinsèque. Bien qu'ils ne cessent de changer pour suivre les mouvements de l'époque, de se moderniser, d'adopter de nouvelles étoffes, de nouvelles couleurs, certains détails, certaines formes, restent inchangés ou presque, porteurs d'une sorte de mémoire longue proclamant qu'il ne s'agit pas d'un vêtement ordinaire, mais d'un vêtement reconnaissable malgré ses variations, dont la fonction est de renforcer l'institutionnalisation scolaire. C'est justement le cas des insignes, qui s'inspirent très souvent d'armoiries du Moyen Âge[8]. À l'origine, marques aristocratiques de l'identité d'une famille et d'un territoire affichant certaines valeurs (souvent illustrées par une formule latine), elles ne sont reprises dans l'uniforme scolaire que pour indiquer un sentiment d'appartenance allié à un désir de distinction. Ce n'est plus vraiment la même chose. Il s'agit d'une simple copie, dont le sens a été sérieusement modifié ; le fond a changé sous la forme ancienne maintenue.

Le graphisme copiant les armoiries moyenâgeuses est encore plus répandu sur les tenues sportives. Le sport se développe dans les grandes écoles anglaises tout au long du XIXe siècle. Rugby, football, aviron (Oxford contre Cambridge) ; dès 1830, et encore plus après 1850, l'idée nouvelle de compétitions organisées se met en place et trouve ses formes. Les tenues sportives y jouent un rôle central. Rayures, quartiers, étoiles, croix et fleurs de lys étaient manifestement eux aussi issus de l'iconographie héraldique du Moyen Âge[9]. Certaines valeurs semblent aussi avoir été reprises de l'esprit chevaleresque, comme celle de fair-play, qui accompagne la vigueur des affrontements sportifs. Un peu du fond ancien a été transmis sous la forme, et même par la forme.

Les uniformes sportifs vont ensuite s'émanciper des enceintes scolaires, développer leur autonomie, pour devenir massivement répandus de nos jours, dans le monde entier sans spécificité européenne continentale comme pour les uniformes scolaires. Dans la séquence scolaire d'origine, ils s'avèrent complexes mais intéressants à analyser. Les tissus plus souples, plus innovants, sont articulés sans difficulté avec les insignes moyenâgeux. J'ai dit que le modèle anglais résultait d'un bricolage incessant, et on en a là un bel exemple ; la contradiction est dépassée à la faveur d'une nouvelle synthèse. Ils apparaissent comme une variante de l'uniforme principal, adaptée à une fonction particulière. Or cette diversification interne n'affaiblit pas le modèle mais au contraire le renforce. La multiplicité des significations et leur évolution, la modernisation du style, comme l'adaptabilité au moment distinct de la pratique sportive, laissent intacte l'idée que l'uniforme soit incontournable, identifiable et presque atemporel.

Aucune contradiction ne semble en mesure de résister à son pouvoir syncrétique. Ainsi l'éducation physique avait également au XIXe siècle dans toute l'Europe une dimension militaire ; la nation avait besoin de corps robustes et entraînés. Nous sommes loin ici du fair-play et autres valeurs humanistes développées par le sport. Nous en sommes encore plus loin quand on constate que la variante sportive des uniformes scolaires a joué un rôle non négligeable dans la colonisation : les compétitions étaient aussi un terrain d'entraînement et une occasion de sélection pour le service colonial[10]. Mais tout cela a été rapidement oublié. Notamment quand les autorités des nouveaux pays indépendants ont reconduit les tenues sportives, avec les mêmes rayures ou les mêmes damiers. La forme seule avait été transmise.

Le modèle anglais de l'uniforme scolaire est avant tout une forme sociale, dans le sens que lui donne Georg Simmel[11], qui institue une certaine configuration des choses et des relations entre les personnes. Au-delà du choix des étoffes et des couleurs, l'important est le rôle de l'uniforme dans la façon dont il fait percevoir l'école. Mais il n'est pas rare que tout ait été exporté en bloc, la forme sociale et les détails stylistiques. Si à nouveau nous faisons un petit tour du monde, nous pourrons constater une variation sur ce thème : ici l'idée d'un style local a prévalu, ailleurs la jupe écossaise et le blazer ont été reproduits à l'identique.

Assez souvent dans les pays asiatiques, l'uniforme scolaire s'inspire du costume national venu d'un lointain passé. « Dans les écoles vietnamiennes, les étudiantes du secondaire portent le costume blanc traditionnel aazai, complété par un chapeau de paille traditionnel, tandis que dans certaines écoles indiennes, les écolières portent la robe sari nationale, qui est faite dans les couleurs de l'école[12]. » Il arrive aussi que les motifs soient davantage reliés à une tradition ethnique minoritaire, ou au contraire qu'il marque une identification nationale récente. Dans tous ces exemples, l'enfant s'imprègne des valeurs portées par son costume, la socialisation est profonde, l'habit fait le moine.

Ce n'est cependant pas toujours le cas. Comme pour les signes moyenâgeux sur les tenues sportives, l'histoire des origines est parfois oubliée. En Argentine, les élèves n'ont ni blazer, ni jupe plissée, ils enfilent une blouse blanche, qui est l'uniforme des écoles publiques depuis très longtemps. Pourquoi des blouses blanches ? On ne se pose pas la question. Il faut ouvrir des livres d'histoire pour découvrir qu'elles « ont été adoptées comme code vestimentaire obligatoire vers 1910 » et qu'elles faisaient partie « d'une politique du corps étroitement associée à l'hygiénisme et liée à des idéaux de pureté morale et raciale[13]. » Aujourd'hui ce sont juste des blouses blanches, une évidence ordinaire dans le décor scolaire argentin.

La jupe écossaise

Reprenons notre tour du monde. Ici ou là donc, nous observons des uniformes singuliers, plus ou moins liés à une histoire locale dont l'origine a été parfois oubliée. Mais majoritairement, le plus frappant est de constater combien le style classique du modèle anglais a envahi la planète entière, depuis les blazers en Corée du Sud jusqu'aux jupes écossaises sous le soleil du Mexique.

La jupe écossaise, parlons-en, car voici un extraordinaire exemple des pirouettes et glissements des significations. L'habit fait le moine, mais une congrégation monastique peut en cacher une autre. Un petit sorcier médiatique à lunettes par exemple a soudain réactivé les innovations des siècles passés. À Béziers en septembre 2024, dans une des écoles expérimentant l'uniforme, les élèves ont préféré des blazers à des tenues plus souples. « On dirait qu'on est dans le monde de "Harry Potter", et ça, c'est trop bien », dit Célya. « Polo gris avec le logo de la ville et le nom de l'établissement, blazer noir. Il y avait comme un côté "rentrée scolaire à Poudlard"[14]. » Hélas pour la jupe écossaise, l'héroïne du film porte un tissu uni, mais ce petit accroc est insuffisant pour démentir son succès mondial.

Essayons de remonter à son origine. L'anthropologue Aude Le Guennec, autrice d'un article précis sur la question, sera notre guide[15]. Sans trop développer cette longue histoire, il faut d'abord évoquer le kilt, « tenue identitaire largement portée au quotidien » par les populations rurales des Highlands.

« Composé d'un pan de lainage à carreaux drapé autour des hanches des hommes des hautes terres d'Écosse[16] », il définissait, selon ses motifs et ses couleurs, l'appartenance à des clans. Au XVIIIe siècle, il devient l'emblème d'une opposition à l'Angleterre. Mais, afin de soumettre la population écossaise, le Parlement anglais décide d'interdire le kilt. Rendu à ce stade de l'histoire, on se demande comment, par quel retournement, la jupe écossaise va réussir à s'imposer dans le « modèle anglais » et conquérir le monde !

Mais continuons ce récit surprenant. Une exception aux interdits est faite pour les soldats écossais servant la Couronne, et leur tartan, cette étoffe de laine à carreaux, est très remarqué dans le royaume. Quand un peu plus tard les relations s'apaisent avec l'Écosse, se développe alors une véritable « écossomanie[17] » qui se poursuit sous le règne de Victoria et atteint son paroxysme dans les années 1855. La reine Victoria s'attache à cette région, y acquiert le château de Balmoral, et ajoute un joueur de cornemuse à sa garde personnelle. Elle est passionnée par tout ce qui touche aux vêtements, surtout quand il s'agit des enfants. Il faut préciser qu'à l'époque, ils n'occupent pas dans la société la place qu'ils ont prise aujourd'hui. Discrètement placés en arrière-plan, ils sont un peu comme des adultes en réduction. Pour Victoria, au-delà de l'affection qu'elle leur porte, ils sont « relégués au rang de porte-drapeaux de l'idéologie royale[18]. » Il n'est donc pas surprenant qu'elle choisisse de les habiller en copiant la tenue de la garde militaire écossaise ; kilt en tartan pour les garçons, ceinture de la même étoffe pour les filles. Dans tous ses voyages, comme à Paris en 1855, elle affiche ses enfants dans cette tenue et, à travers les diffusions dans la presse et la circulation des gravures, finit par la populariser à un point tel que se « diffuse un style vestimentaire qui marque la mode enfantine jusque dans les années 1880[19]. » Le style écossais devient un incontournable « de la mode des enfants chics d'Europe, d'Amérique et de Russie[20]. »

Or, dans cette même fin de siècle, le regard sur l'enfance commence à changer, le petit adulte est davantage vu comme une personne à part entière, digne d'une attention spéciale. Peu à peu, une socialisation particulière se met en place, on assiste à une institutionnalisation de l'enfance. Au moment même où la mode est au motif écossais. C'est ainsi que le tartan devint « uniforme de l'enfance[21] », un marqueur de cette nouvelle socialisation séparée.

Il lui restait encore une double mutation à opérer. Devenir non plus uniforme de l'enfance mais celui d'une socialisation encore plus spécialisée : uniforme scolaire. Et que le kilt en tartan, hier réservé aux garçons, soit désormais réservé aux filles, et devienne simple jupe écossaise. Dans les divers tissus à carreaux agrémentant les vêtements des fillettes au XIXe siècle, on trouvait déjà parfois des robes et des jupes. Or quand la mode commença à faiblir au tournant du siècle, elle entraîna dans son déclin le kilt pour garçon, apparaissant quelque peu suranné et exotique, et bientôt remplacé par des shorts et des pantalons, de couleur unie. Les filles se retrouvèrent alors les héritières privilégiées des motifs écossais, surtout sur leurs jupes. Dans les années 1930, un dernier glissement se produit : le modèle de la jupe plissée à carreaux commence à s'imposer comme uniforme scolaire pour les filles[22]. Le passage des garçons aux filles est d'autant plus aisé que beaucoup de ces premiers uniformes pour filles copient les vêtements masculins, notamment le blazer avec un insigne rappelant vaguement les armoiries moyenâgeuses[23], ou encore la cravate, qui encore aujourd'hui est très souvent portée par les écolières à travers le monde. L'évolution est identique pour un autre modèle stylistique, venu lui aussi du XIXe siècle (où il représentait également un uniforme de l'enfance) et résultant d'une influence militaire : les marinières et autres vêtements de type marin.

Quant à la jupe écossaise, il faudra encore attendre, jusqu'aux années 1950, pour qu'elle connaisse vraiment son apogée. Elle était magistralement devenue un habit qui faisait le moine, qui instituait celle qui le portait en tant qu'écolière, dans un rôle social bien défini. L'autre moine, celui de l'origine lointaine des Highlands, avait complètement disparu.

L'envers de la mode et la mode à l'envers

Faisons un petit détour par le Japon. L'uniforme scolaire y règne aujourd'hui en maître, avec des développements que nous ne saurions imaginer dans notre Europe continentale. Par exemple quand, dans une école du quartier chic de Ginza à Tokyo, les tenues sont signées Armani[24]. Le modèle anglais y a été introduit dès la fin du XIXe siècle, propagé par l'aristocratie locale imitant l'Occident. L'ensemble du modèle. À la fois instituant le rôle social d'écolière, ainsi que les détails stylistiques les plus canoniques qui lui étaient associés : tenue de marin, blazer, et jupe écossaise bien sûr.

L'uniforme scolaire au Japon est « furieusement tendance[25] » comme on dit dans la mode. Alors que dans les débats actuels en France, il renvoie à une imagerie de discipline et de labeur, pour les jeunes Japonais et surtout Japonaises, au contraire, il est très attrayant et astucieusement bricolé pour construire un look qui n'a rien de vintage. Les stars de la pop musique multiplient les petites transgressions pour le mettre en scène, suscitant des vagues d'imitations chez les lycéennes[26]. La jupe écossaise va ici encore plus loin dans le glissement de ses significations.

Pour comprendre une telle mutation, il faut élargir la focale d'observation et prendre en compte le statut de la femme au Japon[27] ; le passage à l'âge adulte, après le mariage, est souvent synonyme d'un enfermement domestique. Par contraste, le temps de la jeunesse est donc celui de la liberté et de l'infinité des possibles. Or l'uniforme symbolise ce temps de la jeunesse. Il en résulte ce constat, particulièrement incompréhensible pour un Français : « Les uniformes scolaires symbolisent la liberté[28]. »

Sur les podiums de la mode, ce n'est pas cette paradoxale idée de liberté qui est mise en avant, mais plutôt celle d'une inversion et d'une provocation. Car la mode fonctionne désormais ainsi, en n'accrochant l'attention que par une rupture transgressive des codes. L'uniforme scolaire qui est subverti renvoie donc à une image studieuse et sérieuse de petite fille, qui valorise d'autant par contraste les audaces, allant jusqu'à frôler une suggestivité équivoque. C'est dans ce brouillard borderline que s'engouffrent actuellement les créateurs, notamment autour de la minijupe écossaise. Ou en récupérant de façon plus classique les codes du modèle anglais comme dans le « style preppy » très en vogue actuellement[29]. « Le blason, la veste blazer, la cravate rayée sont autant de codes vestimentaires des élèves de Yale ou Harvard devenus l'apanage de marques comme Ralph Lauren ou Tommy Hilfiger[30]. » Une mode qui se diffuse dans les comportements ordinaires, mais délestée des contenus équivoques qui avaient attiré l'attention dans les défilés[31]. La minijupe écossaise devient une simple jupe parmi les autres. Un vêtement, plus ou moins cher, plus ou moins beau, plus ou moins tendance, mais séparé de toutes les péripéties, de tous les enchaînements de significations diverses qui l'ont amenée là.

DEUXIÈME PARTIE

COMPRENDRE L'UNIFORME

FLUX ET REFLUX

Je m'habille comme je veux

On ne réalise qu'en partie l'ampleur du bouleversement social entre la fin des années 1950 et le début des années 1970. En l'espace d'une vingtaine d'années, tout l'univers de la vie privée fut révolutionné, passant du gris aux couleurs vives, de l'esprit de sérieux à la légèreté insouciante, de la rigidité au mouvement permanent. Une énergie nouvelle travaillait les corps et les esprits, un désir d'innovation explosait de partout. Curieux basculement en vérité, qui ne fut perçu qu'intuitivement par ceux qui le mettaient en œuvre ; le changement était omniprésent mais insaisissable sous la forme d'un grand événement, avant que n'éclate Mai 68. Les femmes déliaient leur corps et s'émancipaient de leur rôle traditionnel, les jeunes affirmaient une nouvelle culture, impertinente et rythmée. Partout « l'accomplissement personnel » remplaçait la « socialisation disciplinaire[1] », sans toutefois que cette métamorphose majeure ne fasse la Une des journaux.

Les protagonistes ressentaient pourtant la rupture, de façon concrète et palpable. Le changement des postures corporelles (griserie des rythmes et bonheur de la souplesse), l'abandon des codes conformistes pour s'habiller ou se coiffer, la généralisation du flirt et les débuts de la libération sexuelle, le refus des conseils parentaux pour le choix du conjoint, l'invention d'une culture propre à la jeunesse, le désir d'exprimer sa liberté dans tous les domaines (« Il est interdit d'interdire »), sans limites (« Soyons réalistes, demandons l'impossible »), en privilégiant le principe de plaisir (« Jouir sans entraves[2] »), la volonté de devenir seul maître de sa vie. S'ils brisaient les murs des contraintes anciennes avec une telle facilité, c'est que ces derniers étaient déjà prêts à s'effondrer. L'ordre des mœurs, qui était établi sur un principe d'autorité, se désintégra en quelques années. Le mouvement était irrésistible.

Après des siècles de travail souterrain, l'autonomie individuelle s'imposait sur le devant de la scène et définissait les nouvelles règles du jeu social. Le sujet désormais serait placé au centre de sa propre existence. Le sujet, rien que le sujet, s'imaginant libre, sans limites. Ce schéma très clair donne une clé de lecture des bouleversements que nous avons connus depuis lors, dans tous les domaines : affaiblissement des institutions, mise en cause des valeurs collectives, dislocation des liens sociaux, séparations et recomposition familiale, interrogations sur l'identité de genre. Un nouveau monde était né, un nouveau type de société, une « seconde modernité » ou « modernité tardive », s'opposant à ce que nombre d'auteurs ont appelé « première modernité » (pour Anthony Giddens[3] et Ulrich Beck[4]), ou « modernité organisée » (pour Peter Wagner[5]), dans laquelle l'individu était fermement encadré par des institutions solides.

La vague de la jeunesse et de la liberté déferla sur l'ensemble de la planète, particulièrement en ce qui concerne le vêtement. C'en était fini des rigidités et des conformismes, des vestons, des cravates et de toutes les tenues obligées. Les jeans, les T-shirts, les baskets renvoyaient soudain tous les codes anciens au vestiaire des antiquités. En France, en Europe, aux États-Unis, cette explosion sociale venait donc confirmer ce qui n'avait été pourtant qu'un choix involontaire et le résultat d'une suite de péripéties : l'uniforme scolaire, s'il avait existé ici, aurait été le premier à être vilipendé. Le vent de l'histoire indiquait désormais avec force qu'il ne pouvait que s'agir d'un archaïsme. Non seulement par son style (imaginez : un blazer ! des armoiries !), mais aussi parce qu'il était institué d'en haut et qu'il était le même pour tous. Or dans les années 1960, chacun voulait s'habiller à son idée. Plus encore : voulait afficher son identité par ces choix vestimentaires.

Mais, face à une telle révolution vestimentaire, qu'allait-il se passer au Royaume-Uni ? Les jeunes Britanniques ne furent pas les derniers à subvertir les codes anciens, au contraire ils étaient à la pointe de l'innovation libertaire. Les uniformes scolaires cependant restèrent en place, solidement installés dans l'institution. Il y eut bien sûr quelques mouvements, davantage de souplesse dans les étoffes, une créativité nouvelle dans les coupes et les dessins[6]. Mais le principe de l'uniforme lui-même resta inébranlable. Le sujet se voulant souverain trouvait ici quelques limites à sa liberté. Et le consensus était tel qu'il était contraint de les accepter.

Va-et-vient

La bourrasque individualiste des années 1960 propulsait le monde dans une insoluble hésitation concernant l'uniforme scolaire. Car l'irrépressible déconstruction des codes obligatoires et la personnalisation des vêtements se heurtaient, comme au Royaume-Uni, à une résistance. Plus encore qu'une résistance d'ailleurs, une véritable contre-tendance parfaitement opposée (dont nous comprendrons les raisons dans la suite de ce livre). Si l'on analyse l'évolution du port de l'uniforme scolaire depuis un siècle, on constate, à travers bien des spécificités stylistiques et malgré des séquences de reflux, un développement continu ; l'uniforme scolaire est de plus en plus plébiscité. Alors que dans le même temps la tendance à vouloir s'habiller comme on le souhaite est pourtant de plus en plus affirmée. Il y a là à l'évidence deux mouvements contraires, ce qui produit dans bien des pays des mouvements de va-et-vient et des articulations subtiles.

En Nouvelle-Zélande par exemple[7], l'uniforme ne s'est vraiment implanté, lentement, que dans les années 1950, juste avant d'affronter la vague contestataire qui a eu pour conséquence qu'il se diversifie et soit plus personnalisé (il peut même se résumer à un simple élément de *dress code* : cravate aux insignes de l'école pour les garçons, jupe écossaise pour les filles). Ce changement n'a pourtant en rien diminué son rôle institutionnel, il reste solidement installé dans le système scolaire. Mais en Thaïlande par contre[8], en 2020, la vaste mobilisation de la jeunesse en faveur de la démocratie a ciblé l'uniforme scolaire, particulièrement strict et disciplinaire dans ce pays, comme une contrainte devenue inacceptable.

Entre les deux mouvements contraires, les séquences de flux et de reflux de l'uniforme scolaire ne sont pas synchrones dans le monde. Chaque pays a ses spécificités et son rythme, quand il progresse à un endroit il peut être contesté ailleurs. En Turquie par exemple, le mouvement est ancien, lancé par Atatürk dans les années 1920. Mais face aux résistances, il ne s'est diffusé que par étapes, pour s'imposer vraiment dans les années 1980, alors que le vent de la liberté soufflait en Europe. Il finira d'ailleurs par décliner dans les années 2010, mais pour une autre raison, sous l'impulsion du Premier ministre Recep Erdoğan, qui critique l'uniforme pour impulser le port du foulard et des tenues islamiques dans les écoles.

Il faut ajouter que nulle part l'évolution est linéaire et régulière, des séquences contrastées se succèdent. Parfois dans le court terme. Ainsi aux États-Unis, peu de temps après que l'uniforme fut introduit (officiellement pour lutter contre la violence dans les lycées), survint l'atroce tuerie de Columbine en 1999, qui fragilisa l'argument mis en avant[9]. Tous ceux qui étaient opposés à l'uniforme au nom de la liberté haussèrent alors le ton, et son usage régressa un peu. Momentanément.

Si l'on prend une durée beaucoup plus longue, en Europe, il est intéressant d'analyser comment chaque pays a franchi le drame des guerres mondiales. En France, pas grand-chose à signaler, l'uniforme n'est présent qu'avant la Première Guerre, et va ensuite quasiment disparaître jusqu'à sa modeste résurgence actuelle. En Grande-Bretagne à l'opposé, il se maintient et se développe, à peine chahuté par les événements. Pendant la Deuxième Guerre mondiale, il était difficile de trouver du tissu, pourtant la fourniture d'uniformes scolaires fut fixée comme une priorité nationale[10]. Il sortait en fait renforcé de l'épreuve, et cela se vérifia dans l'après-guerre. Il en alla tout autrement en Allemagne et en Italie. Les régimes nazi et fasciste avaient imposé l'uniforme scolaire pour embrigader et militariser la jeunesse. Un autre type d'uniforme bien sûr, qui n'avait rien à voir avec le projet social d'émancipation par l'école. Mais à la Libération, le rejet fut puissant et unanime, surtout en Allemagne[11]. Encore plus que pour l'épisode napoléonien en France, le désir de liberté était si fort qu'il semblait avoir terni son image à jamais.

L'influence des samouraïs

Il est souvent difficile de délimiter strictement les séquences de flux et de reflux, tant les choses sont complexes et imbriquées. Le cas du Japon, à nouveau, nous permettra de l'illustrer. Brièvement, car il faudrait tout un livre pour détailler les subtilités de l'histoire de l'uniforme scolaire dans ce pays. J'ai déjà parlé de la vague d'imitation du modèle anglais qui popularisa les blazers, marinières et jupes plissées. Elle ne se développa et ne se massifia vraiment que dans les années 1920 et 1930, par un mouvement qui venait d'en bas, des familles elles-mêmes, et de certaines grandes écoles, cherchant à se distinguer. Mais l'uniforme avait déjà une histoire antérieure. À la fin du XIXe siècle, les familles aisées et de l'aristocratie habillaient leurs garçons dans des tenues militaires. Là aussi comme en Europe, influencées notamment par le style prussien[12]. Pour les filles en revanche, outre les kimonos traditionnels, une jupe-pantalon très particulière, le hakama, résultait d'un détournement des tenues que portaient les samouraïs. « Les jeunes filles fascinées par ce vêtement le portaient d'elles-mêmes pour fréquenter le lycée, ou demandaient au directeur d'en imposer le port. C'est donc grâce à la ferme volonté des étudiantes que le hakama s'est imposé comme uniforme féminin[13]. » Avant d'être vaincu par la marinière et la jupe écossaise.

Dans l'après-guerre, on observe un double mouvement : alors que chaque école particularise son style pour se distinguer, l'ensemble est perçu dans les mentalités de façon relativement unifiée. La diversification n'affaiblit pas le modèle institutionnel, il se renforce même au point de devenir plus souvent obligatoire dans les années 1960[14] ; au moment même où se lève le vent de la contestation juvénile. Les débats sont houleux, des élèves manifestent et refusent de porter l'uniforme[15]. Mais cet épisode de refus frontal sera bref, et l'uniforme se réinstalle rapidement comme pilier de l'institution scolaire. Le consensus est si fort que les consignes vestimentaires vont parfois très loin dans les prescriptions. « En 2023, l'association des barreaux de Fukuoka (Sud-Ouest) déplorait que 80 % des soixante-neuf collèges publics de la ville maintenaient des règles fixant la couleur des sous-vêtements des élèves[16]. » Ce contrôle disciplinaire s'articule toutefois à une créativité individuelle élargie : les élèves portent leur uniforme de manière très personnalisée (les jupes ont des longueurs très variables) et associée à des accessoires divers, des coiffures inventives. L'uniforme scolaire au Japon offre le paradoxe d'un modèle largement reconnu, solidement installé dans l'institution, qui n'est pourtant pas uniforme. Bien que les écoles se distinguent par une image particulière et que les jeunes ont une marge de liberté pour travailler leur look, il est si enraciné dans les évidences qu'on peut parler de lui au singulier.

Il traverse les mouvements stylistiques de l'histoire, comme c'est également le cas en Chine. Un peu comme au Japon, les familles aisées avaient commencé à répliquer le modèle anglais dès la fin du XIXe et le début du XXe, mais la suite fut différente. La Chine de Mao imposa une sorte d'uniforme (unisexe) à tous les adultes. Les utopistes français n'auraient pu rêver une application à une si large échelle : l'école n'y était qu'un cas particulier. Lors du faux départ démocratique qui suivit, alors que les tenues civiles de la jeunesse s'individualisaient (et devenaient même très créatives pour les filles), les uniformes scolaires furent maintenus, mais comme s'ils étaient banalisés et ramollis : toute la Chine scolaire était en survêtement de sport en nylon[17]. Puis les écoles les plus huppées se distinguèrent, et attirèrent les parents en proposant des tenues plus académiques : blazers, jupes écossaises et chaussettes hautes. Le style anglais faisait ici aussi un étonnant come-back, à la mode chinoise cependant, animée par la propension autoritaire à encadrer les comportements. C'est ainsi qu'une école primaire du Guangdong propose une innovation[18] : installer des puces numériques sur le col des uniformes, ce qui permet de suivre le déplacement des élèves (les utopistes français auraient moins apprécié).

L'accélération récente

Les mouvements divers ne doivent pas tromper : à travers flux et reflux, particularités locales et séquences à contretemps, l'uniforme scolaire connaît à l'évidence un développement continu depuis plus d'un siècle. Après une phase d'hésitation voire de repli dans les années 1960-1980, cette progression connaît même une accélération depuis une trentaine d'années. Même en Chine, où le pourcentage des élèves qui le portent ne peut guère augmenter puisque c'est la norme, les parents qui se contentaient de faire comme tout le monde s'impliquent désormais davantage et le plébiscitent ouvertement[19]. Ici ou là à travers le monde, dans des régions qui l'ignoraient, son émergence est parfois spectaculaire. Nous avons vu par exemple comment en Martinique une vague d'opinion en faveur de l'uniforme a pu déferler dans les années 2000[20]. Le mouvement venu d'en bas a d'abord imposé de simples *dress codes* et autres tenues communes, avant de se généraliser et de se codifier de façon plus nette. Aujourd'hui, « l'usage de l'uniforme scolaire s'est imposé de façon quasi hégémonique dans tous les collèges et lycées martiniquais[21] ». Sans atteindre toujours cette intensité, la progression mondiale du port de l'uniforme est patente dans les dernières années, comme le notent Chris Baumann et Hana Krskova dans une étude portant sur trente-neuf pays[22].

Cette tendance n'a rien d'aléatoire et nous dit quelque chose des mouvements de l'histoire contemporaine ; ceux qui pensent qu'il ne s'agit là que d'un reste d'héritage anachronique doivent sans doute réviser leur jugement. Le retour de l'uniforme (là où il n'avait jamais existé ou avait disparu) parle de notre époque et interroge même le futur, l'apparent décorum passéiste (blazers, armoiries et jupes plissées) ne doit pas tromper. Prenez les toges universitaires. Voilà un type de vêtement qui semble nous arriver tout droit du Moyen Âge, une sorte d'archaïsme étonnant et désuet, plus apte à faire sourire qu'à impressionner. Au XXe siècle d'ailleurs son usage avait progressivement diminué, surtout dans les années 1960 avec la massification des universités. « On a même pu croire après 1968 que la désaffection à son égard irait jusqu'à un abandon pur et simple[23]. » Or, dès les années 1990, il réapparaît à l'occasion de séances solennelles, pour rappeler la dignité de la fonction[24]. Au-delà de l'entre-soi académique, le mouvement se diffuse et entraîne les étudiants lors des cérémonies de remise de diplômes.

Imitant les nouvelles pratiques des universités américaines, les écoles de commerce puis les universités françaises se sont ainsi initiées au lancer de toques. La toque à une main et le smartphone de l'autre. Car le but est souvent de populariser des images aguicheuses sur Instagram ou Tik Tok. Ne serions-nous pas là aux limites d'un détournement qui a plus à voir avec le narcissisme et la distance ironique propre aux réseaux sociaux qu'à un retour de l'uniforme ? Peut-être pour le lancer de toques, surtout s'il se prolonge dans des soirées festives. Il en va autrement de la cérémonie en elle-même, qui combine symboles anciens et codes de notre époque. La toque remonte au XIIIe siècle, la couleur des robes et la disposition des hermines, réglementées par Napoléon en 1809 et inchangées jusqu'à ce jour, s'insèrent dans un spectacle scénarisé par des agences événementielles qui, selon le budget de l'établissement, peuvent produire un véritable show, avec musique et effets de lumière[25]. Au-delà des récupérations individuelles et de sa forme commercialement standardisée, l'événement ainsi créé renforce l'institution, et l'intégration de la personne dans cette institution. L'étudiant perçoit une sensation plus forte lors de ce rituel de passage que s'il avait reçu son diplôme dans un simple échange administratif. L'uniforme ajoute son poids symbolique dans l'installation de ce nouveau repère entourant l'individu.

Ce qui s'est passé aux États-Unis depuis une trentaine d'années illustre parfaitement l'accélération récente. À la fin des années 1980, alors que seuls quelques établissements privés prestigieux imposent l'uniforme, commence à se diffuser à bas bruit un mouvement d'opinion en sa faveur. En 1994, le district de Long Beach lance une expérimentation concernant une petite centaine d'écoles. L'idée est qu'il pourrait permettre de diminuer la violence qui gangrène la vie scolaire. Deux ans plus tard, le président Clinton généralise la mesure en présentant un cadre laissant une marge d'initiative aux établissements. Les réactions sont diverses et les débuts hésitants. Les uns brandissent le premier amendement et s'y opposent farouchement au nom de la liberté[26], les autres remarquent que dans les écoles qui l'ont approuvé, la baisse de la violence n'apparaît pas évidente. Plus d'une centaine d'études d'évaluation sont lancées, qui créent le trouble par leurs résultats contradictoires. En dépit de ces vents contraires et les flottements initiaux, le mouvement s'accélère dans les années 2000[27]. Spécialement dans les écoles touchant les minorités et les populations pauvres (l'uniforme est plus ancien dans les établissements de l'élite qui cherchent à se distinguer, seules les classes moyennes résistent encore au mouvement). Un processus identique s'observe dans le Canada voisin. « L'uniforme scolaire est la norme dans la plupart des établissements privés du Québec et dans les écoles catholiques de partout au pays. Néanmoins, depuis un peu plus de vingt ans, un nombre grandissant d'établissements publics l'adoptent à leur tour. Cette tendance ressemble à celle qu'on observe aux États-Unis, où le port obligatoire de l'uniforme dans les écoles publiques a bondi de 60 % entre les années 2000 et 2018[28]. » Le modèle anglais envahit la planète.

La version identitaire

Ce modèle anglais est cependant concurrencé par une autre version, un double problématique, qui lui aussi, à travers des formes diverses, accélère son développement récemment. Dans le modèle anglais, l'uniforme est un instrument qui renforce le statut d'écolier, et l'école est censée ouvrir au savoir, en s'appuyant sur des enseignants respectant une certaine neutralité ; le but est d'aider à la construction de l'autonomie de l'élève. L'autre uniforme au contraire, outre qu'il accentue l'encadrement disciplinaire, est utilisé comme une arme idéologique pour formater les enfants, les endoctriner. Les enfermer dans des certitudes *a priori*, comme le font toutes les dérives identitaristes contemporaines. Elles peuvent être de nature très différentes, nationaliste ou religieuse, mais le résultat est le même, l'uniforme n'est plus cet outil de la modernité qui permet l'émancipation individuelle. Or le glissement, du modèle anglais à la version identitaire, peut s'opérer insidieusement et facilement.

Il n'est jamais facile de distinguer avec précision comment tel ou tel uniforme se positionne entre les deux.

Dans de nombreux pays du Sud par exemple, la multiplicité ethnique, la diversité des cultures imposent un effort de standardisation nationale. L'uniforme est alors une contrainte nécessaire, y compris dans le cadre du modèle anglais, mais qui peut aisément dériver vers un nationalisme plus autoritaire et antidémocratique. Et cela d'autant plus quand les minorités sont des minorités religieuses qui tentent d'imposer leur propre uniforme porteur d'une idéologie.

En Malaisie, l'uniforme scolaire, introduit par des missionnaires britanniques au XIXe siècle, s'est non seulement généralisé mais impose désormais un style unique. « Tous les élèves de la Malaisie portent le même uniforme. Cette politique a été mise en œuvre dans le but spécifique de promouvoir un sentiment d'unité et d'équité nationales au sein d'un pays par ailleurs ethniquement diversifié[29]. » Or les musulmans sont majoritaires dans le pays, et parmi eux, la frange islamiste gagne en puissance et tend à devenir éruptive, comme l'a montré un épisode récent mettant en exergue de simples chaussettes. « Il n'a fallu que quelques paires de chaussettes marquées du nom d'Allah vendues dans des supérettes appartenant à des Malaisiens d'origine chinoise pour que la Malaisie s'enflamme[30]. » Si de modestes chaussettes peuvent ainsi devenir explosives, on imagine combien peuvent l'être aussi, selon les consignes nationales, les jupes au-dessus du genou et les cheveux à l'air pour les filles.

On observe logiquement une montée de la contestation vestimentaire ; sous la forme d'un hijab de plus en plus répandu, ou du retour d'un habit traditionnel, le *kurung de baju*, tunique ample enveloppant le corps et l'arrière de la tête. Pour le moment, ce mouvement venu d'en bas est absorbé localement sans remettre en cause le principe de l'uniforme national. « C'est le directeur de chaque école qui a le dernier mot sur les variations acceptables et le degré de liberté que les élèves sont autorisés[31]. » Mais cette tolérance ne peut fonctionner qu'à un premier degré de contestation, noyée sous le prétexte de quelques spécificités locales. Or, tout au contraire, la revendication d'une tenue islamique se développe actuellement, des enseignants ou des directeurs d'école imposent le hijab à toutes leurs élèves, les partis extrémistes s'emparent de la question. La version identitaire se prépare à un affrontement majeur.

Au Nigeria aussi l'uniforme a été introduit par des missionnaires britanniques, et il était particulièrement implanté, avec son style anglais, dans les écoles catholiques. En 1972, le Queen of Apostles College fut débaptisé par les autorités régionales et renommé Queen Amina College, du nom de la reine Amina, célèbre guerrière du Moyen Âge[32]. Ce changement d'intitulé correspondait à une évolution confessionnelle, les filles musulmanes étant de plus en plus nombreuses. Mais quinze ans plus tard, les collégiennes qui s'appelèrent les « guerrières d'Amina » entamaient un combat, ouvertement soutenu sinon impulsé par les partis intégristes, pour imposer un « uniforme musulman[33] ». Déclenchant un durcissement dans le camp opposé des chrétiens évangélistes. La question de l'uniforme avait été à deux doigts de déclencher une guerre de religions. La situation actuelle reste très indécise.

Face à une affirmation fondamentaliste utilisant le vêtement scolaire comme une arme, l'uniforme républicain (que j'appelle par facilité le modèle anglais), n'offre pas une résistance à toute épreuve. Il est trop neutre, non porteur d'une idéologie explicite pour être très efficace. En se durcissant par contre, en glissant vers la version nationaliste de l'autoritarisme, il peut parvenir à étouffer dans l'œuf les contestations religieuses. On le constate en Russie. L'uniforme scolaire y avait une longue tradition du temps de l'URSS. À la faveur de la petite éclaircie démocratique des années 1990, la jeunesse avait rejeté ce carcan et imposé l'idée d'une certaine liberté vestimentaire. Séquence que nous avons vue dans d'autres pays vingt ans plus tôt, ici donc avec un petit décalage. Mais depuis une quinzaine d'années, de plus en plus de jeunes filles tentent de venir à l'école en portant le voile dans les régions musulmanes. Des conflits éclatent avec des directions d'écoles et les autorités locales. Poutine saisit ce prétexte et se prononce en faveur d'un « uniforme scolaire unique comme en Union soviétique[34] ». L'occasion était trop belle, car cette décision entrait en cohérence avec sa volonté d'embrigadement nationaliste, voire militariste, de la société. L'invasion de l'Ukraine ne fit qu'accentuer ce processus. Les élèves s'initient aujourd'hui au maniement des armes et suivent des cours sur les « fondamentaux de la sécurité et de la défense de la patrie[35] ». Et peuvent être mobilisés dans la « Iounarmia, "l'armée des jeunes", qui accueille dans ses rangs des centaines d'enfants ("nos futurs défenseurs"), reconnaissables à leur uniforme paramilitaire beige[36] ».

Il n'y a rien de plus efficace qu'un enfermement identitaire pour en combattre un autre.

QUELLES LEÇONS TIRER DES ÉTUDES ?

Bill Clinton a une idée

Les expérimentations qui sont lancées en France doivent faire l'objet d'une évaluation, mais rien n'est encore acté pour prévoir avec sérieux comment elle pourrait être menée. Or, comme le dit justement le sociologue Michel Tondellier, « le calendrier annoncé par Emmanuel Macron condamne l'évaluation à la superficialité[1] ». Pourquoi ? Parce que la méthodologie d'enquête est, sur la question de l'uniforme scolaire, particulièrement difficile à mettre en œuvre. D'autres évaluations ont déjà été menées, en très grand nombre d'ailleurs (j'en ai consulté plus d'une centaine), notamment aux États-Unis, et elles ont buté sur de grandes difficultés, les faisant déboucher sur des résultats assez insatisfaisants. Le minimum pour nos propres évaluations serait donc de ne pas partir d'une page blanche, dans l'urgence d'une commande de dernière minute (comme cela risque malheureusement d'être le cas), mais de commencer par établir un bilan critique de ce qui a été fait. C'est ce que je vais essayer d'entreprendre.

Pour être bien mené, tout travail d'évaluation nécessite de poser les bonnes questions, et de maîtriser la problématique étudiée en profondeur. Or une difficulté se pose d'emblée pour l'uniforme scolaire, car les recherches fondamentales sont minimes sur la question. La chercheuse en sciences de l'éducation Inés Dussel donne sans doute la principale raison qui explique ce manque, quand elle décrit les obstacles qu'elle a dû affronter pour imposer son sujet à la communauté académique. Elle ne compte plus le nombre de fois où elle a dû subir la remarque : « N'avons-nous pas des questions plus importantes à étudier ? N'est-ce pas chose frivole que de parler de vêtements quand l'école est placée face à de gigantesques défis[2] ? » En conséquence, le déficit est criant, à l'exception notable de quelques travaux historiques récents dans des pays de longue tradition de port de l'uniforme comme le Royaume-Uni (je pense en particulier au livre de Kate Stephenson[3]). Dans les autres pays, ceux où les écoliers choisissent leurs propres tenues le matin, la question de l'uniforme – sorte d'archaïsme désuet ayant cours en certains points de la planète – était tout bonnement ignorée. Jusqu'au jour où elle apparaît soudain dans le débat public, prenant par surprise ceux qui n'y étaient pas préparés, et les contraignant au mieux à des études bricolées dans la précipitation, au pire à des réflexions à l'emporte-pièce.

L'exemple le plus important, et pour nous le plus révélateur, est celui des États-Unis ; il est donc à méditer. Voilà un pays qui, comme l'Europe continentale, n'avait pas la culture de l'uniforme scolaire jusqu'à ce jour de 1996 (telle est la narration officielle la plus répandue) où le président Bill Clinton en lança l'idée, déclenchant un orage de débats acharnés dans un ciel qui auparavant semblait pourtant serein. La suite, je l'ai dit, sera celle d'un développement important du port de l'uniforme, avec une accélération ces dernières années. Mais revenons en arrière, car l'histoire est en fait un peu plus compliquée.

Ann Bodine[4] raconte la façon dont, dès 1932, une école de l'Indiana avait introduit l'uniforme pour aider les pauvres à s'intégrer dans l'institution scolaire, selon le même projet social que nous avons vu dans les *charity schools*, ou le *Plan d'éducation nationale* de Le Peletier, ou aujourd'hui dans nombre de pays africains. Cette initiative restera sans lendemain, mais de nouveau, à la fin des années 1980, des écoles décident d'expérimenter l'uniforme dans des quartiers noirs particulièrement déshérités. La première est la Cherry Hill Elementary School de Baltimore, bientôt suivie d'autres écoles à Chicago, Detroit, Los Angeles, Miami, Philadelphie[5] ; le mouvement fait peu à peu tache d'huile. La préoccupation cependant n'est plus celle du projet social. Ce qui est visé par l'uniforme (qui est donc censé pouvoir la résoudre), est la violence grandissante dans les écoles, en particulier le racket de vêtements de marque. L'argument est simple et imparable : grâce à l'uniforme nous supprimons les vêtements de marque, il n'y aura plus de racket, plus de violence.

Bill Clinton n'a donc pas lancé le mouvement, il n'a fait que le suivre et l'amplifier. J'ai déjà parlé de l'expérimentation d'une petite centaine d'écoles dans le district de Long Beach en 1994, deux ans avant son discours. Il faudrait aussi parler du rôle du ministère de l'Éducation, qui se mobilise sous la pression d'un nombre grandissant d'établissements, et publie en 1996 un *Manual on School Uniforms* définissant le cadre de la politique à adopter (non obligatoire, reposant sur le choix des établissements et des individus). Le manuel déclare que si l'uniforme ne saurait à lui seul résoudre tous les problèmes de l'école, il peut jouer un rôle important pour rétablir « la discipline et la sécurité[6] ». Bill Clinton popularise ces éléments, dans une politique de communication d'autant plus intense qu'il s'agit d'une année électorale. Dans son discours solennel sur l'état de l'Union il déclare : « Si cela signifie que les adolescents cesseront de s'entre-tuer à cause de blousons de marque, alors nos écoles publiques devraient pouvoir exiger de leurs élèves qu'ils portent des uniformes[7]. » Les sondages montrent que le thème est porteur, il est donc encore plus mis en avant, et cet affichage renforce à son tour le mouvement.

La progression est saisissante. À la fin de l'année scolaire 1996-1997, une école urbaine sur deux a adopté l'uniforme ou une politique vestimentaire, et même 80 % à Chicago[8]. L'élan est si fort et l'évidence si installée (le consensus n'est troublé que par ceux qui protestent au nom de la liberté individuelle) qu'il n'est pas besoin de commanditer trop d'études. Mais dès l'année suivante la vague de l'opinion retombe, des doutes émergent quant à l'efficacité de l'uniforme contre la violence, les contestations au nom de la liberté se multiplient, et certaines écoles font machine arrière. Les études devenaient dès lors incontournables ; il fallait d'urgence évaluer les effets exacts de l'uniforme.

Les scientifiques n'ont pas tous le même avis

Il est logique et même sain que les chercheurs ne débouchent pas tous sur le même résultat, car la science avance par la réfutation des hypothèses, la confrontation organisée des problématiques. Mais généralement ce débat entoure un noyau plus stable, des éléments de consensus, une avancée coopérative du savoir. Or ce n'est pas du tout ce qui se passe pour les études d'évaluation des effets de l'uniforme scolaire. Tenter d'en faire le bilan devient vite éprouvant, car très peu d'éléments communs se dégagent, dans un océan de conclusions contradictoires ; une étude dit une chose, une autre l'inverse.

La première raison de cet échec collectif et de cette confusion des résultats se trouve, je l'ai dit, dans la faiblesse du corpus de recherche fondamentale, notamment anthropologique et sociologique. Au lieu que cet acquis oriente les questions des études et filtre l'exploitation du matériau d'enquête, ce sont les études elles-mêmes qui, dans leur immédiateté présentéiste, sont censées fournir toutes les réponses, la moindre faille méthodologique produisant dès lors des effets dévastateurs. La deuxième raison est la méthode la plus souvent employée, qui justement amplifie ce risque ; un traitement statistique, fondé sur une analyse multifactorielle, généralement à partir d'un petit échantillon, construit de façon discutable. Le troisième est un choix de critères très subjectifs (les effets de l'uniforme sur la violence ? sur la réussite scolaire ? sur l'estime de soi ?), abusivement séparés de tout ce qui se joue autour de l'uniforme scolaire, et qui pourtant oriente l'ensemble de l'étude. La quatrième enfin concerne des biais cognitifs évidents (favorisés par la fragilité méthodologique) : beaucoup d'études confirment dans leurs conclusions les convictions *a priori* de leurs auteurs.

Les limites de l'analyse multifactorielle sont bien connues et pourraient se résumer par l'avertissement autrefois affiché sur les passages à niveau ferroviaires : « Attention, un train peut en cacher un autre ! » Car en isolant une variable, on efface tout l'arrière-plan auquel elle est reliée, et qui est parfois plus significatif que cette variable elle-même. Des chercheurs comme le spécialiste en méthodologie quantitative Robert Cribbie, confrontés à la cacophonie des études sur l'uniforme, pensent résoudre le problème en complexifiant à l'infini le traitement purement statistique[9]. Mais s'acharner sur la partie visible de l'iceberg ne peut mener bien loin tant que l'on ignore sa masse immergée.

Certains chercheurs constatant l'écart entre la sophistication de la méthode et la pauvreté des résultats ont d'ailleurs décidé d'abandonner leur étude sur l'uniforme, comme le relate David Brunsma[10], dans un bilan critique.

Alors que ce constat des limites vaut pour des études ayant déployé un appareillage statistique étendu, il est plus valable encore pour celles qui sont bricolées à la va-vite à partir d'échantillons réduits. Or elles sont les plus nombreuses, multipliant parfois des erreurs de débutant. Comme le fait de comparer une école sans consignes vestimentaires et une autre imposant l'uniforme, sans prendre en compte l'histoire particulière de chacune et le fait qu'elles ne concernent pas le même type de population. Voyez par exemple cette étude sur le « climat de sécurité » produit par l'uniforme dans une école[11]. Sur les 25 items listant toutes les facettes imaginables de ce « climat de sécurité », 14 s'avèrent positifs, la conclusion semble donc claire. Mais cette démultiplication des sous-variables donnant matière à des suites de tableaux de chiffres contraste avec un échantillon à l'étroitesse extrême, insuffisant pour un traitement statistique qui se respecte : 32 personnes d'une école avec uniforme et 30 d'une école sans uniforme ayant répondu à un questionnaire envoyé par Internet. De nombreuses études quantitatives sur l'uniforme, auréolées du prestige d'un laboratoire universitaire et publiées dans une revue scientifique, reposent sur un petit échantillon composé de manière problématique. Leurs conclusions sont donc à prendre avec prudence, les titres académiques de leurs auteurs ne suffisant pas à valider la pertinence des résultats.

La plupart des études ne cherchent pas à s'interroger sur la signification de l'uniforme, mais simplement à établir un lien de causalité : a-t-il un effet positif ou négatif, sur ceci ou sur cela ? Décider justement de ce « ceci » ou de ce « cela » qui va orienter l'enquête est donc primordial, en réduisant la focale d'observation à une seule variable, isolée de son contexte et des autres choix possibles. Ce découpage débouche sur une énumération de thèmes quand on compile les études, avec une conclusion positive ou négative. Voici quelques exemples. L'uniforme atténuerait les inégalités entre riches et pauvres[12], il affaiblirait la guerre des marques[13], il renforcerait le sens de la discipline[14], il augmenterait le respect des maîtres[15]. Mais il aggraverait les stéréotypes et inégalités de genre[16], ou n'aurait pas d'effets notables sur les résultats scolaires[17]. À chacun sa préoccupation fixant l'orientation de l'étude.

Ce choix d'une thématique particulière aggrave par ailleurs les risques de biais cognitifs, alors qu'ils sont fréquents au sujet de l'uniforme scolaire. Il n'est pas rare que le chercheur ait d'emblée sa petite idée, et oriente son enquête pour la confirmer. Prenez cette étude menée en Corée, et qui débouche sur le constat que les uniformes affaiblissent la créativité individuelle[18]. On sent que l'autrice souhaiterait desserrer l'étreinte du conformisme, fréquent dans le pays, mais ceci la pousse à introduire la liberté de s'habiller comme on veut dans la mesure générale de la créativité. Évidemment, vu comme cela, l'uniforme ne peut être qu'attentatoire à la créativité.

Le pape des études

Le sociologue américain David Brunsma raconte dans un ses livres combien il fut choqué par le discours de Bill Clinton en 1996[19]. Les paroles du président lui apparurent superficielles et anecdotiques, dans une campagne de communication aux visées électoralistes, alors que la question s'avérait complexe et aurait mérité une attention sérieuse. C'est alors qu'il décide de lancer une vaste enquête, solidement fondée, qui puisse s'imposer comme la référence incontournable. Son travail bibliographique de préparation le renforce dans sa conviction, car il recueille surtout des billets d'humeur et autres articles d'opinion dans la presse, ou des monographies « locales et paroissiales[20] » qui ne valent guère mieux. Il disqualifie l'ensemble (les études, c'est certain, ne sont pas toujours d'un très haut niveau méthodologique). Mais il met dans ce même paquet dévalorisé les approches ethnographiques et qualitatives, parce qu'elles ne sont pas généralisables, alors que ce sont souvent elles qui apportent en fait des éléments intéressants sur l'uniforme.

Dans une réponse aux critiques que lui formulera Ann Bodine[21], il explique qu'il a d'abord survolé la question du lien entre l'uniforme et la violence, puisque c'était elle qui était dans le débat. Mais les données chiffrées disponibles étant insuffisantes sur ce thème, il s'orienta vers un autre type de lien, la réussite scolaire, car le ministère de l'Éducation offrait là des ressources statistiques abondantes et fiables. Il voulait avant tout une base de données la plus large possible, pour que ses généralisations soient indiscutables.

Certains chercheurs, sûrs de leurs travaux, n'hésitent pas à imposer une position d'autorité surplombante, voire méprisante pour d'autres types d'approches. David Brunsma ne lésina pas en ce domaine. Il présenta lui-même son livre comme la seule et grande synthèse digne d'être retenue, l'« antidote[22] » permettant de se prémunir contre la fausseté et la pauvreté des contributions sur l'uniforme. Avec tambours et trompettes, il s'intronisait lui-même pape des recherches scientifiques sur la question. Et cela marcha, notamment en direction des médias. Il fut sollicité de toutes parts, donnant « un nombre incalculable d'interviews aux quatre coins des États-Unis, aussi bien qu'au Canada, en Grande-Bretagne et en Israël[23]. » Pour savoir si les effets de l'uniforme sont positifs ou non, il suffisait de consulter les travaux de Brunsma.

Hélas, malgré la réelle ampleur de son appareillage statistique, les analyses de David Brunsma ne sont pas sans défauts. D'emblée d'ailleurs cela commence assez mal, car son point de vue est orienté. Il n'est pas choqué seulement par la superficialité du discours de Clinton, mais aussi parce que ce président démocrate lance un projet réactionnaire à ses yeux. Car pour lui « l'uniforme scolaire a toujours été une politique conservatrice, enracinée dans des idéologies conservatrices[24]. » Face au flot d'articles et d'émissions de télé en majorité favorables à l'uniforme, il veut démontrer et démonter le caractère idéologique de cette campagne d'opinion, armé du drapeau de la science rétablissant la vérité. Emporté par son élan, il n'hésitera pas à forcer le trait en soulignant à l'encre rouge, dans un article retentissant de 1998, que l'uniforme non seulement n'est pas une variable significative en général, mais peut même avoir des effets négatifs sur la réussite scolaire[25]. Six ans plus tard, dans son livre, il ne comprend pas que l'opinion ne se range pas à son avis, pire, que l'uniforme continue à se diffuser dans les écoles malgré ses conclusions. Il l'explique par l'existence d'une véritable « croisade symbolique[26] », une croisade réactionnaire entraînant les masses. Or, ramener l'uniforme a sa seule dimension disciplinaire et conservatrice est pour le moins réducteur. Quant à son symbolisme il mériterait justement d'être interrogé, avec le plus grand sérieux, tout autant que la corrélation avec la violence ou la réussite scolaire. Je pense même que c'est ce qui explique son succès dans l'opinion, si mystérieux pour David Brunsma.

Je ne peux terminer cette rapide analyse critique sans dire quelques mots sur la méthode elle-même. Car elle aussi n'est sans doute pas sans reproches. Ann Bodine a détaillé toute une série de problèmes[27]. Je me contenterai de souligner que les conclusions de David Brunsma sur la réussite scolaire sont sujettes à caution, étant donné que les écoles qui appliquent une politique d'uniformes accueillent aux États-Unis une proportion beaucoup plus élevée d'élèves économiquement défavorisés et appartenant à des minorités[28], qui ont de moins bons résultats scolaires que la moyenne (mais pour d'autres raisons que l'uniforme). Il n'est donc pas étonnant que les élèves sans uniformes auxquels ils sont comparés aient des meilleurs résultats. Le même constat peut être fait pour le lien avec la violence, les écoles développant une politique d'uniforme étant majoritairement situées dans des zones de grande pauvreté où la violence est plus fréquente[29].

Tout ce développement sur David Brunsma n'aurait sans doute pas été nécessaire si l'impact de ses travaux n'était pas aussi considérable. Quiconque aujourd'hui s'interroge pour savoir quels sont les effets de l'uniforme scolaire tombe immanquablement sur son nom et répercute ses conclusions prononcées *urbi et orbi* au nom de la science. Quand le débat s'est soudain intensifié en France en début d'année 2024, les médias ont cherché dans l'urgence des références scientifiques, et le nom de David Brunsma leur offrait un repère face à l'incertitude, leur permettant de titrer de façon claire et indiscutable. Comme dans cet article de *20 Minutes*, pris parmi beaucoup d'autres : « La plus vaste étude regroupant des résultats statistiquement pertinents réalisée sur le sujet a été publiée en 1998 par le chercheur américain David Brunsma dans *The Journal of Educational Research*. En contrôlant tous les autres paramètres comme le genre, l'origine ethnique et l'origine sociale, cette étude montre que l'uniforme n'a aucun effet, que ce soit en école primaire, au collège ou au lycée[30]. » Conclusion bien sûr reprise en chœur par tous les opposants, comme ce secrétaire d'un syndicat enseignant interrogé par une radio : « Selon plusieurs chercheurs, les uniformes n'ont pas d'effet sur les résultats scolaires. Il y aurait même des effets plutôt négatifs[31]. »

Grâce au pape des études sur l'uniforme scolaire, la messe était dite.

Bilan critique

La position d'autorité occupée dans l'espace académique et médiatique avait permis que les critiques faites à son encontre ne laissent que peu de traces. Les travaux d'Ann Bodine par exemple qui, après avoir relevé les biais dans l'étude de David Brunsma, conclut dans sa propre enquête que les uniformes ont un effet positif sur la réussite scolaire[32]. Dans les années qui suivirent sa tonitruante mise en scène, il fut cependant contraint de modérer un peu son propos. C'est ainsi qu'il dirigea un livre collectif en 2005, lui permettant de diversifier les angles d'analyse et reconnaissant que le sujet est « très controversé et indéniablement complexe[33] ». Mais cette concession prononcée du bout des lèvres ne l'empêche pas de présenter ce second livre comme la nouvelle bible délivrant la vérité. Une vérité que la société s'obstine à ne pas vouloir reconnaître. L'année suivante, il publie un article sous-titré : « Le mouvement des uniformes scolaires continue de croître malgré les recherches montrant qu'il ne produit pas ce qu'il est censé produire[34] ».

Les travaux de David Brunsma sont exagérément l'arbre qui cache la forêt. Car de très nombreuses études sur l'uniforme scolaire – diverses quant à leur méthodologie, contradictoires sur les résultats, dans des pays aux cultures différentes – sont ainsi invisibilisées. Certes, je l'ai dit, elles ne sont pas toujours sans reproches, mais cela n'interdit pas d'en faire une analyse critique, il s'agit même d'un préalable qui devrait être plus souvent respecté.

Plusieurs chercheurs ont déjà fait ce travail de « revue de la littérature » (selon le terme employé dans le jargon scientifique). S'il manque souvent une dimension critique des méthodologies employées, leurs synthèses sont précieuses. J'en résumerai rapidement quelques-unes. Celle de Johanna Reidy[35] tout d'abord, qui n'est pas la plus originale car elle est très influencée par les thèses de Brunsma, et inventorie des travaux concluant à l'absence d'effets de l'uniforme ; mais il fallait la citer. Jacquelyn Kraft est plus mesurée, elle souligne surtout le caractère très contradictoire des résultats selon les auteurs et les méthodes[36]. Elle relève malgré tout qu'une légère majorité se dégage pour isoler des effets positifs sur la discipline, la violence, et les résultats scolaires.

La revue critique effectuée par Aaron Jones et ses collègues est globalement plus positive encore[37]. Si l'on retire les nombreuses références aux travaux de Brunsma et de ses disciples, les recherches citées concluent très majoritairement à une amélioration des résultats scolaires et à une baisse de la violence, surtout quand ce sont les enseignants qui sont interrogés. Sur un autre critère, le « climat de l'école », cette spécificité des enseignants disparaît : six recherches notent qu'enseignants, administrateurs, parents et élèves sont unanimes pour dire qu'il s'est amélioré avec l'uniforme. Ou sur un thème de détail encore moins souvent évoqué, plusieurs études sont d'accord pour dire que l'uniforme diminue les tensions entre parents (et la charge mentale pour ces derniers) et enfants à propos des vêtements. Dernière synthèse enfin, celle effectuée par Jennifer Rodriguez dans sa thèse de doctorat, qui présente l'intérêt de décrire les études au-delà de la simple revue de littérature[38]. Si sa propre étude de terrain n'est pas exceptionnelle du point de vue méthodologique, son bilan critique est très large et de grande qualité. Sur quatre grands thèmes classiques (la perception de l'école, les résultats scolaires, la baisse de la violence, l'estime de soi), les études qu'elle inventorie concluent très largement à des effets positifs de l'uniforme. Sur la violence et l'ambiance plus sereine dans l'école, les neuf études analysées sont même toutes convergentes. Nous sommes loin ici de l'impression de cacophonie des résultats, ou de la vision négative propagée par David Brunsma.

Ce qui est vrai, et cela ressort de beaucoup de travaux, c'est que l'uniforme pris isolément et dans l'observation de court terme d'une étude ne provoque pas des conséquences majeures, aisément mesurables, notamment sur des critères comme la réussite scolaire. Ses effets sont beaucoup plus diffus, ce qui ne veut pas dire qu'ils soient négligeables. Chris Baumann et Hana Krskova qui, je le rappelle, ont conduit leur étude sur trente-neuf pays, alertent sur ce point : il faut à la fois contextualiser, relier les facteurs entre eux, et saisir des repères d'observation précis. Ceci étant fait, leur constat est quand même assez net[39]. En se fondant sur les informations de l'enquête PISA qui détaille la qualité d'écoute dans la classe, le niveau sonore ou la rapidité de la mise au travail, les écoles qui ont une politique d'uniforme améliorent leurs résultats sur tous ces critères.

David Brunsma est particulièrement sévère pour toutes les recherches ethnographiques, monographiques ou qualitatives, parce qu'elles ne permettent pas une généralisation. Il ne s'agit pas pour moi de remettre en cause les démarches quantitatives qui, bien menées, sont indispensables pour généraliser des résultats. Mais elles peuvent comporter des biais importants, le chiffre en lui-même n'est pas une garantie de rigueur. Par ailleurs le quantitatif permet rarement de comprendre le pourquoi des choses (ce n'est pas ce qu'on lui demande), de plonger dans les mentalités, de comprendre de l'intérieur. Les recherches qualitatives ne doivent donc pas être négligées. D'autant que si on établit un bilan positif/négatif, le contraste est saisissant entre les deux types d'approches, y compris sur les apprentissages scolaires. « Si les résultats des enquêtes quantitatives ne sont guère concluants, la majorité des enquêtes qualitatives témoignent, elles, du point de vue des enseignants, des effets favorables sur les apprentissages des élèves[40]. » Quant au fait que les résultats sont difficilement généralisables, leur multiplication dans des contextes variés atténue ce point faible. Parmi beaucoup d'autres études, John Huss a ainsi interrogé des enseignants en leur demandant si les uniformes, nouvelle politique de leur école, avaient amélioré l'environnement éducatif, les relations entre élèves et les relations élèves-enseignants ; les effets dirent-ils étaient très concluants[41]. Bobbi Adams[42] a croisé deux méthodes dans sa thèse, une étude statistique menée auprès des lycéens, et une campagne d'entretiens auprès des enseignants. La première ne relevait pas d'effets notables, alors que dans la seconde, les professeurs disaient que les uniformes avaient positivement changé les comportements et l'ambiance dans l'école. Si leurs déclarations ne sont pas faussées par un biais idéologique manifeste, les enseignants sont très bien placés pour observer et raconter dans le détail ce qui se passe. C'est un peu moins vrai pour les élèves, notamment les adolescents, souvent tentés par une position tranchée qui canalise leurs observations. Mais en les interrogeant sur des détails très précis, Laura Penttinen a réussi à recueillir des informations précieuses[43]. Notamment quand des lycéens expliquent comment l'uniforme est devenu un geste naturel qui facilite la vie, ou qu'il aide à se concentrer sur le travail scolaire, ou de quelle manière leurs parents sont devenus des soutiens inconditionnels. Certes cela se passe au Japon, où l'opinion est largement favorable, même chez les lycéens, au point où certains préfèrent garder leurs uniformes dans leurs sorties publiques en dehors de l'école. Mais, pour rester sur ce dernier exemple, il est précieux de comprendre pourquoi, de saisir comment s'élabore leur sentiment de bien-être et de fierté.

En dehors de la démarche qualitative, certaines monographies quantitatives peuvent être très intéressantes aussi en développant une méthodologie originale qui permet de contourner certains obstacles. Ainsi Catherine Stockton et ses collègues ont-ils distribué un questionnaire à neuf écoles ayant décidé de développer une politique d'uniforme sans qu'il y ait d'autres changements majeurs d'une année sur l'autre (même directeur, même encadrement, mêmes programmes)[44]. Ce qui donnait une bonne fiabilité à la comparaison. Les enseignants ont jugé que l'uniforme améliorait le climat scolaire, les élèves également (surtout dans les petites classes, un peu moins au lycée). Autre exemple, David Evans et ses collègues, en collaboration avec une ONG distribuant gratuitement des uniformes, ont imaginé un système de loterie pour que leur affectation soit aléatoire, isolant leurs effets d'autres variables[45]. Résultat : les uniformes diminuaient l'absentéisme scolaire de 62 %. Certes cette mesure a également ses biais, car les familles qui n'avaient pas reçu l'uniforme étaient handicapées par un obstacle financier. Les conclusions n'en restaient pas moins significatives.

Une géographie des idées

Cette expérience s'est déroulée au Kenya, pays traditionnellement favorable à l'uniforme et où règne encore son modèle social d'intégration scolaire. Or les résultats des études sont très différents d'un pays à l'autre, le contexte change complètement l'orientation des réponses. Dans les pays de longue tradition de l'uniforme, les études d'évaluation, moins nombreuses, concluent presque unanimement à ses effets positifs (les seules réserves viennent d'une minorité d'adolescents et de l'évocation d'un désir plus grand de liberté). C'est le cas par exemple au Japon bien sûr[46], mais aussi en Afrique du Sud[47] ou en Grande-Bretagne[48]. Angela Walmsley explique comment, dans ce pays, les uniformes développent un sentiment de respect envers l'école et les enseignants, renforcent l'estime de soi des élèves, aident à la concentration scolaire, et recueillent un soutien très fort des parents, libérés de la question du choix des vêtements chaque matin[49]. Elle ajoute que c'est le caractère généralisé de l'uniforme qui permet cela, et que les États-Unis, en ciblant les écoles les plus pauvres, où la violence est répandue, peuvent introduire un trouble dans l'interprétation de ses effets véritables.

Cependant, dans les pays africains où les populations pauvres sont également au centre des politiques de scolarisation par l'uniforme, un tel trouble n'existe pas, car le contexte est différent. Le contexte change donc complètement la donne, mais il est souvent très subtil et complexe à analyser. Pas dans le cas français, clair dans sa radicalité. Les pays comme la France qui n'ont pas ou très peu connu l'uniforme scolaire (ou qui ont oublié son histoire) fabriquent une opinion réservée et méfiante, voire avec un *a priori* d'hostilité systématique, notamment dans les syndicats enseignants. Mais le cas américain est différent, alambiqué, traversé de contradictions. Or c'est lui qui a produit la majorité des études, qui offrent des réponses à tous ceux qui se posent des questions à travers le monde. Contrairement aux pays d'Europe continentale, qui eux non plus ne connaissaient guère l'uniforme, l'opinion se forma d'emblée de façon très favorable (dans l'espoir qu'il combattrait la violence), entraînant dans son élan l'administration scolaire et les enseignants (les parents n'avaient pas besoin d'être convaincus). C'est d'ailleurs ce consensus soudain qui irrita David Brunsma, cherchant dès lors à prouver le contraire, modérant à juste titre un enthousiasme exagéré sur les effets de l'uniforme, mais tordant à ce point le bâton dans l'autre sens que ses propos n'étaient pas audibles par les parents et les enseignants. À l'inverse, ils le sont aujourd'hui pour les enseignants français, qui voient là matière à étayer leurs convictions.

De même que chaque pays, par son histoire, construit une perception spécifique de l'uniforme et canalise les débats dans un sens donné, chaque groupe socioculturel adopte une position particulière. Les plus fervents soutiens sont les parents, dans presque tous les pays. Les jeunes enfants sont souvent eux aussi facilement convaincus. Les adolescents par contre peuvent manifester un désir d'autonomie et de liberté, qui est logique à leur âge. Les filles encore plus que les garçons. Selon que l'on interroge les uns ou les autres, les réponses ne seront donc pas les mêmes. Dans une enquête d'Ann Bodine, 88 % des parents et 86 % des enseignants estimaient que les uniformes augmentaient le sentiment de sécurité dans l'école, alors que les élèves n'étaient que 43 % à partager le même avis[50]. Quant aux enseignants, il est impossible de les caractériser de façon stable tant leurs avis peuvent totalement diverger d'un pays à l'autre. En général cependant, ils sont favorables à l'uniforme dans les pays qui le pratiquent, et hostiles dans les autres, notamment quand s'ouvre un débat préparant sa possible introduction dans les écoles.

Si l'on considère maintenant les groupes socio-économiques et la ventilation par niveaux de diplômes, le contraste est également assez net. Alors que les milieux populaires ont davantage tendance à se prononcer en faveur de l'uniforme et à souligner ses effets positifs, les classes supérieures et diplômées ont une propension plus forte à le contester, souvent au nom de la liberté. Dans une école de l'Ohio par exemple, alors que les parents étaient largement favorables à son introduction, ceux des élèves d'une section artistique élitiste s'y sont opposés, arguant que leurs enfants étaient trop créatifs pour se soumettre à cette contrainte[51]. Ce clivage social de l'opinion n'est pas sans lien avec la longue histoire de l'uniforme, qui a longtemps été dirigée vers les pauvres, et qui l'est encore aujourd'hui dans nombre de pays du sud. Aux États-Unis, où l'uniforme est surtout implanté dans les écoles des quartiers déshérités, les effets mesurables sont nettement plus positifs quand il s'agit des pauvres et des minorités. Alors que pour les données concernant l'ensemble du pays, les résultats sont très discutés, et ne s'accordent parfois que pour dire que les effets de l'uniforme sont faibles, il n'en va pas ainsi pour les élèves de familles à faibles revenus. Plusieurs études ont souligné ce cas particulier : les effets de l'uniforme, y compris sur la réussite scolaire, sont plus nettement positifs quand il s'adresse aux classes populaires[52]. Cette remarque vaut également pour les minorités, surreprésentées dans les classes pauvres, mais avec une réserve cependant. Car depuis quelques années, la montée d'affirmations identitaires (Afro-américains, musulmans) cristallise une nouvelle contestation de l'uniforme[53], affaiblissant ses effets positifs.

Malgré la diversité des contextes, des opinions, et même des conclusions des études scientifiques, est-il malgré tout possible de tirer quelques enseignements d'ensemble (en dehors de cette inclination des milieux populaires à être plus favorables à l'uniforme) ? Je le crois. D'abord en triant et en passant au crible de la critique des cohortes de résultats qui peuvent sembler contradictoires. Ce travail permet de comprendre que, à l'encontre de ce que dit David Brunsma, un avis plutôt positif sur les effets de l'uniforme semble malgré tout se dégager, surtout si on élargit l'observation à l'ensemble de la planète. Mais d'une amplitude assez faible il est vrai, ce qui explique bien des indécisions des études au moment de conclure. L'introduction de l'uniforme dans une école ne semble pas bouleverser son fonctionnement au point de changer les résultats scolaires de façon immédiatement nette et mesurable. Mais si l'on prend d'autres critères, des détails précis ou à l'inverse des notions plus abstraites, les avis peuvent se faire beaucoup plus consensuels. Dans l'ordre des détails, la guerre des marques ou la baisse de la charge mentale pour les parents. Dans celui des notions, le « respect », très souvent cité, ou l'« ambiance », l'« esprit » d'une école. Aaron Jones et ses collègues, tirant un bilan des études pour isoler les items les plus souvent partagés comme ayant un effet positif concluent sur ce point : « De nombreux chercheurs ont fait état de perceptions positives de la part des parents, des élèves, des enseignants et des administrateurs concernant l'effet des uniformes sur le climat d'une école[54]. »

Cet étrange « climat », cet « esprit », cette « ambiance » assez mal définis n'auraient-ils pas quelque chose à nous apprendre ? Les études ciblant les effets immédiats de l'uniforme ne manqueraient-elles pas quelque chose d'essentiel ? Pourquoi l'opinion en sa faveur ne cesse-t-elle de se développer alors qu'un courant de recherche mené par David Brunsma nous dit qu'au mieux il ne sert à rien, qu'au pire il est affreusement réactionnaire ? Qu'il serait le simple objet d'une « croisade symbolique[55] ». Mais quel symbole ? Et, d'ailleurs, ne faudrait-il pas que nous prenions les symboles au sérieux ?

LES DESSOUS DE L'UNIFORME

Un tournant historique

La cacophonie superficielle de nombre d'études d'évaluation, isolant quelques corrélations dans une urgence opérationnelle, pousse à se demander si ce qui permettrait vraiment de le comprendre ne reste pas hors de portée, s'il ne faudrait pas interroger des déterminants sociohistoriques plus profonds pour dissiper les mystères de l'uniforme. Notamment celui-ci : pourquoi donc ce qui ressemble à un héritage de sociétés anciennes connaît-il un fort développement dans les périodes les plus récentes ? Simple hasard ? Épiphénomène ? Ou bien au contraire est-ce le signe d'une phase paradoxale de la modernité que nous avons encore du mal à décrypter ?

J'ai développé dans d'autres livres l'histoire très particulière de l'époque que nous sommes en train de vivre, et que l'on pourrait qualifier de modernité tardive[1]. Je la résume en quelques mots, nécessairement schématiques. Les deux grandes idées du siècle des Lumières fondatrices de la modernité ont connu des trajectoires divergentes. Alors que la rationalité perdait progressivement de son ambition grandiose pour être canalisée dans des processus limités et fragmentés, l'autonomie individuelle générait l'utopie sans limites d'un sujet capable de s'émanciper de tous les cadres de détermination anciens, y compris de la pesanteur, qui semblait il y a peu encore indépassable, appartenant au domaine du biologique.

Les cadres collectifs qui nous donnaient des réponses s'écroulent les uns après les autres, au profit du soi, le sujet individuel, l'individu-roi, se jugeant apte à avoir sur tout un avis personnel, doutant même parfois des publications scientifiques au nom de ses convictions intimes. Comment se soigner, que manger, comment éduquer, comment aimer, pourquoi travailler ? Tous les domaines et les instants de la vie tombent dans un questionnement généralisé et une propension grandissante à fournir des réponses venant de soi.

L'ascension de l'autonomie individuelle est parallèle au déclin régulier des grandes institutions et programmes républicains de la première modernité, comme l'a montré le sociologue François Dubet. L'école, la santé, le travail social, perdent progressivement de leur emprise disciplinaire[2]. Ces procédures s'assouplissent et se personnalisent, mais surtout se tournent de plus en plus vers l'écoute des usagers. Ce qui autrefois venait d'en haut est de plus en plus tourné vers le bas, dans l'attention à la personne (le malade, le délinquant, l'écolier). « Progressivement, les instituteurs ont abandonné la blouse grise du clerc de la République et de la nation et ils se considèrent aujourd'hui comme des spécialistes de l'enfance, de la psychologie, de la pédagogie et de la didactique[3]. »

Car l'usager est une personne, affirmant de plus en plus fort son identité et sa spécificité. Cette nouvelle donne est prise en compte par les professionnels de l'éducation et du social, d'où ce paradoxe : les institutions républicaines installent au cœur de leurs projets l'autonomie individuelle, qui est justement le facteur qui les dissout de l'intérieur. Le métier d'éducateur en particulier est désormais fondé sur une contradiction. Il faudrait pouvoir continuer à transmettre un savoir tout en inversant le sens de l'écoute, de plus en plus tournée vers le bas.

Le travail parental lui aussi est devenu compliqué. Depuis que Françoise Dolto nous a enseigné que le bébé est une personne[4], que nous devions non seulement le respecter, découvrir ses compétences, mais qu'il avait le droit, comme tout être humain, d'affirmer son autonomie individuelle et de décider par lui-même, les pauvres parents se demandent s'ils peuvent encore réprimander ou poser quelques interdits sans aller contre cette liberté. L'institution parentale, comme toutes les autres institutions, est grignotée de l'intérieur par la montée de l'autonomie individuelle. Formidable programme d'émancipation. Formidables risques de déstabilisation, individuels et collectifs.

Ce qui venait d'en haut est donc censé désormais venir d'en bas, chacun choisit sa morale, chacun choisit sa vérité. L'inversion est totale, ce qui explique l'ampleur des bouleversements que nous sommes en train de vivre, il s'agit bel et bien d'une rupture historique. La liberté du sujet est certes en grande partie une fable. Mais une fable qui, parce qu'elle sature l'univers de la représentation, fabrique de la réalité, et fait évoluer véritablement la société vers toujours plus d'autonomie individuelle. Elle est une illusion performative, et au final c'est cela qui importe. Sur le long terme historique, la fable du sujet maître de son destin est en train de changer la face du monde. L'autonomisation individuelle, entraînée dans une fuite en avant exponentielle, est en effet devenue un véritable torrent à quoi rien ne résiste. Toutes les limites semblent pouvoir être repoussées, tous les murs abattus, tous les cadres de définition anciens dépassés. Telle est la révolution du sujet. Une utopie progressiste qui entraîne dans son mouvement émancipateur une petite moitié de l'humanité, la plus jeune, la plus dotée socialement et culturellement.

La contre-révolution

Mais tous ne suivent pas, et le monde se coupe en deux. Des pans entiers de la planète entrent en résistance contre la mise en cause généralisée des repères. L'angoisse existentielle et l'insécurité culturelle alimentent un formidable mouvement de refus de l'utopie, qui prend notamment la forme d'une contre-révolution conservatrice. Elle a ses chefs, tribuns populistes ou calculateurs opportunistes, mais rien ne serait possible sans l'essentiel, qui vient d'en bas. L'énergie des élans antimodernes vient principalement du bas de la société, et notamment des plus pauvres, des plus modestes, des plus fragiles, des plus moqués, des plus relégués dans des territoires de l'oubli. Dans sa marche clinquante, la société nouvelle a laissé les « gens de peu[5] » sur le côté de la route. Ils essaient de suivre comme ils peuvent, mais en cherchant à se raccrocher à quelques repères qui permettent enfin de se fonder sur du solide. Et de retrouver un peu de fierté pour reconstituer une estime de soi dévastée.

Le mouvement historique antimoderne est si puissant qu'il est en train de prendre le dessus. Ceci mesuré uniquement par la démocratie institutionnelle, car c'est le plus mesurable. Les avancées et les reculs de la démocratie institutionnelle permettent de dire si la modernité tardive, fondée sur l'autonomisation du sujet, donne toujours le *la* du mouvement de l'histoire, ou si la contre-tendance est devenue dominante. Et la réponse est claire, de plus en plus claire. Contrairement aux illusions d'il y a quelques années[6], la démocratie et l'expression des libertés individuelles ne se propagent plus dans l'ensemble du monde. Les quelques territoires gagnés ici ou là sont contrebalancés par d'autres, de plus en plus nombreux, où elle recule. Élections réelles non truquées, liberté de la presse, d'opinion et de réunion, indépendance de la justice : l'Institut international pour la démocratie et l'assistance électorale (IDEA), une organisation intergouvernementale qui publie tous les ans un rapport fondé sur des critères très précis, a rendu son verdict. Depuis plusieurs années la démocratie recule régulièrement[7]. Le modèle démocratique, dont l'essence est l'autonomie du sujet, est non seulement en perte de vitesse mais vraisemblablement devenu minoritaire sur la planète, concurrencé par des modèles autoritaires, qui séduisent de plus en plus, notamment dans ce que l'on appelle le « Sud global ». Si l'on s'en tient aux déclarations officielles, cela n'est pas évident car nombre de régimes autoritaires organisent des élections (truquées). Mais il suffit de voir, dès le premier vote à l'ONU sur l'agression de l'Ukraine, le 2 mars 2022, comment la Russie a réussi à mobiliser des soutiens, pour comprendre qu'un basculement historique – encore plus visible depuis la tonitruante entrée en fonction de Donald Trump en janvier 2025 – est en train de se produire. Des élections de façade existent certes, c'est plus présentable ; mais la société est dirigée de façon autoritaire, encadrée, mise au pas ; voilà le modèle alternatif qui tend à s'imposer aujourd'hui. La démocratie n'a plus le vent en poupe. La folle autonomie du sujet n'aura peut-être été qu'une parenthèse enchantée, un rêve collectif trop haut perché, la fantaisie d'une époque.

Le repère symbolique

Pour éviter le double risque d'une coupure de la société et d'un reflux du processus historique d'autonomisation individuelle, il n'est peut-être pas trop tard pour essayer de changer la donne en accompagnant le mouvement, pour éviter sa cavalcade aveugle qui nous entraîne vers l'inconnu et provoque des rejets. Accompagner, réguler, ne signifie pas s'opposer à l'émancipation du sujet. Au contraire, c'est lui permettre de continuer à avancer, mais de façon raisonnée, en entraînant l'ensemble de la population. Pour y parvenir, une des méthodes, sans doute non suffisante, mais relativement simple à appliquer, consiste à installer quelques repères symboliques, qui, sans contraindre de façon disciplinaire et en laissant l'essentiel de sa liberté à l'individu, fixent un cadre évoquant une socialisation institutionnelle. Par exemple, dans les établissements éducatifs, en rappelant aux enfants qu'ils ne sont pas seulement des sujets autonomes, dignes d'être écoutés, mais aussi des écoliers, placés dans un contexte particulier d'apprentissage.

Là est d'ailleurs la raison qui explique le « mystère » du développement récent de l'uniforme scolaire. Loin d'être un archaïsme, il répond aux attentes complexes de notre modernité tardive, qui commence à émettre des doutes sur l'expansion incontrôlée de l'utopie émancipatrice. Car l'autonomie individuelle conduit à des impasses en dissolvant toutes les institutions. Elle devrait apprendre non à les combattre mais à s'articuler à elles, certes réformées dans le sens de la souplesse et de l'ouverture, tout en étant maintenues dans leur rôle symbolique de fondement de la République qui structure les règles du vivre-ensemble. Or l'école est en train de perdre ce rôle symbolique. « Les illustrations concrètes de ce phénomène sont aujourd'hui visibles : du port de survêtements à celui de tenues inappropriées, en passant par des postures irrespectueuses en cours jusqu'aux cas de menace et d'agression du personnel enseignant, tout manifeste la banalisation de l'institution. L'École est aujourd'hui une partie comme une autre de l'espace social, elle est donc traitée avec la même indifférence par l'élève que n'importe quel commerce ou lieu de loisir. Une des solutions de la ré-institutionnalisation de l'École passe donc par le rehaussement des symboles qui la caractérisent[8]. »

Le symbolisme institutionnel diffusé par l'uniforme peut très bien s'articuler à une grande liberté individuelle. Pas toujours bien sûr, il peut aussi être instrumentalisé par la contre-révolution conservatrice. Mais l'exemple du « modèle anglais » montre à quel point un code vestimentaire unanimement perçu comme la marque d'une socialisation particulière peut s'associer à une créativité personnelle concrétisée par la diversité d'une infinité de détails. L'important est la forme générale, la couleur, qui permettent d'identifier l'uniforme de l'établissement, le repère symbolique. Ceci étant acquis, bien des arrangements sont possibles, y compris l'affirmation identitaire de minorités religieuses (qui ne se font pas ici contre l'uniforme mais avec). Par exemple quand une élève musulmane transforme l'ensemble jupe-blazer en pantalon-tunique ou qu'un élève sikh porte un turban, « du moment que le signe considéré comme le plus important, la couleur de l'uniforme et son allure générale, n'est pas modifié au point de perdre sa signification aux yeux des tiers[9] ». L'important n'est pas l'uniformité de l'uniforme, mais qu'il socialise à une « identité scolaire » collectivement reconnue[10].

Comment fonctionne cette socialisation particulière, comment le simple port d'un vêtement peut-il changer une personne ?

Le concept sociologique de rôle

Pour le comprendre, il me semble nécessaire d'utiliser le concept sociologique de rôle, qui a beaucoup à nous apprendre[11]. Il s'agit d'un concept déjà ancien (développé notamment par Ralph Linton et Robert Merton), quelque peu entré en désuétude ces derniers temps, ce qui n'enlève pourtant rien à sa pertinence. Dans la tradition sociologique qui remonte à une époque où la société était encore portée par des institutions relativement stables, les rôles socialisaient les individus de façon attendue et explicite.

Quand dans l'après-guerre se produisit la grande mutation anthropologique de l'autonomisation individuelle, ce pouvoir socialisateur du rôle sembla à de nombreux chercheurs devoir être remisé aux archives du passé. Or c'était une erreur, car seule la forme des rôles sociaux avait changé, désormais plus multiples, changeant, parfois éphémères. Leur pouvoir de socialisation, lui, restait le même. Le sociologue américain Erving Goffman développa l'analyse de ces nouveaux rôles à l'époque de l'individu triomphant. Il montra notamment comment l'occupation d'un rôle produit un dédoublement de personnalité, l'individu devenant « autre que soi[12] », profondément transformé par le rôle. La question qui se pose dès lors est celle de la distance au rôle. Ne s'agit-il que d'une coquille, une socialisation momentanée et superficielle, à l'intérieur de laquelle l'individu reste entier et inchangé ? Ou bien produit-il des effets plus profonds ? Et si oui, comment ?

Je m'étais posé cette question théorique dans les années 1990, et j'avais voulu tester la réponse par une vaste enquête de 300 entretiens sur un rôle minuscule, particulièrement non institutionnel et même assez insaisissable : la pratique des seins nus, qui se développait alors sur les plages. Toute recherche commence par des hypothèses, des idées de départ. Ici elles étaient focalisées sur la distance au rôle, je voulais savoir ce qui se cachait derrière cette apparence d'une nudité soudain banalisée et devenue légitime, ce que pensaient vraiment les femmes qui enlevaient le haut et les hommes qui les regardaient, comment le sein nu perdait son impudeur passée la frontière du premier grain de sable. Ma surprise fut de constater que l'essentiel des énergies n'étaient pas tournées vers cette distance au rôle, mais au contraire son effacement, par une incorporation du rôle qui fasse que l'« autre que soi » devienne pleinement soi, au moins pour le temps de la prise de rôle. Les femmes ne parvenaient à enlever leur haut de maillot que si elles ressentaient de l'aisance pour le faire et elles ne parvenaient à ressentir cette aisance qu'en entrant pleinement dans le rôle, effaçant toutes les distances et les doutes. Plus la prise de rôle était entière, plus l'aisance était forte, et diffusait aux regards d'autrui la normalité du rôle. Je me souviens de la belle phrase de cette étudiante américaine que j'avais interrogée. Avant de venir en France, ses parents, avertis du danger qui sévissait sur les plages du vieux continent, lui avaient fait jurer de ne jamais s'adonner à la pratique scandaleuse. Mais sur la plage elle ne vit pas le mal et ne parvint pas à résister. Après la petite gêne des premiers instants, dès le deuxième jour elle était habituée, et m'avait déclaré : « Ça fait voir une autre vie. » Car au-delà de la présence ou non d'un morceau d'étoffe, c'est tout un univers moral et de perception du monde, différent, qu'elle découvrait en elle. La prise de rôle l'avait changée en profondeur.

De la même manière, enfiler un uniforme scolaire n'est jamais anodin.

Le rôle et l'institution

Dans le monde adulte, il existe aujourd'hui toutes sortes d'uniformes, qui diffusent des valeurs différentes. Pour le militaire ou le policier, la prise de rôle, garantie par la tenue, intègre dans l'institution, et même dans une stricte hiérarchie. L'uniforme n'est qu'un élément de cet ensemble fondé sur la discipline. Pour le footballeur, le maillot le soude collectivement à son équipe le temps du match, l'incite à plonger dans l'esprit de groupe. Pour l'éboueur ou le technicien de surface, la tenue de travail, qu'il a lui-même tendance à définir comme une « deuxième peau[13] », légitime sa fonction dans le sens de la respectabilité et renforce son estime de soi.

L'uniforme signale une prise de rôle très visible, et transforme la personne, mais dans des contextes et des directions qui peuvent être variables. Il en va de même pour l'uniforme scolaire, qui n'a rien d'univoque. Dans l'enquête menée par Jasper Friedrich et Rachel Shanks[14] par exemple, la perception la plus ressentie était bien celle d'une intégration par une incorporation de valeurs. Mais loin de l'idée de nation ou d'institution scolaire, la référence était celle d'un esprit d'équipe de l'école, dans une concurrence de type sportif débouchant sur une bonne image de l'établissement, elle-même garante d'une place enviable dans le futur marché du travail. Le collectif de référence était celui de l'établissement.

Le rôle est rattaché à une institution qui détermine son pouvoir de socialisation. Mais quelle institution ? L'école en général, dans sa fonction d'apprentissage du savoir ? Ou un établissement en particulier, opposé aux autres, dans une compétition de type sportif ? Ce n'est pas du tout la même chose (bien que les deux puissent être entremêlés). Autre variation, le degré d'autonomisation du rôle, qui est plus ou moins strictement articulé à son institution de rattachement. Dans une version très autoritaire de l'uniforme scolaire, il peut par exemple imposer des valeurs nationalistes voire bellicistes. Mais la plupart du temps, il apparaît comme relativement flottant et détaché, une simple consigne vestimentaire, ne portant pas des valeurs explicites. C'est dans ce contexte qu'il est intéressant d'étudier ses effets, plus importants qu'ils n'en donnent l'impression.

L'anthropologue Marcel Jousse a mis en évidence une notion qu'il a appelée non sans poésie les « perles-leçons[15] ». Dans les gestes les plus ordinaires que nous imitons, nous incorporons une immensité de savoir sans en avoir conscience. Ce savoir est le résultat d'une longue histoire qui s'est cristallisée (telle une perle) dans ce geste, ou pour nous ici, dans ce vêtement particulier. Et quand l'individu répète le geste, ou endosse le costume, la perle diffuse secrètement son savoir discrètement accumulé. L'uniforme n'est jamais un simple morceau d'étoffe, un habit comme un autre. Même dans la version où le rôle semble déconnecté de l'institution, il suffit de l'enfiler pour se ressentir « autre que soi ».

La fonction la plus déterminante du vêtement, même le plus ordinaire, au-delà des symboles les plus explicites, est celle « d'une mise en condition sociale, d'une investiture[16] ». L'uniforme scolaire le plus élémentaire, comme une simple blouse, fait franchir un degré à cette mise en condition, en la raccordant à une mémoire sociale. La blouse n'est qu'en partie individuelle, elle est aussi collective, symbolique d'une institution, porteuse d'une « perle-leçon ». L'enfant qui l'endosse peut se reposer sur elle pour se vivre plus pleinement dans le rôle d'écolier.

Bien qu'il soit de plus en plus reconnu comme une personne, l'enfant, surtout dans ses premières années, n'est pas un adulte. « Contraint ou fier », son apprentissage passe notamment par des prises de rôles organisées par ses parents, en particulier dans le domaine vestimentaire[17]. Ils l'endimanchent pour aller manger chez mamie (il sait d'ailleurs que ce jour-là il se tiendra plus droit sur sa chaise), ou lui proposent un survêtement pour une sortie à vélo (durant laquelle il aura même le droit de se salir). Un éthos et une dynamique corporelle spécifiques étayent le rôle qui est symbolisé par un vêtement particulier.

Parents et enfants

Les parents sont les plus fervents défenseurs de l'uniforme scolaire, y compris dans les pays plutôt réticents comme la France, et ce n'est pas un hasard. Il facilite en effet leur travail d'éducation à la prise de rôle scolaire. Notamment au moment délicat de s'habiller pour partir à l'école. Sans l'uniforme, les négociations parents-enfants (surtout avec les ados) sont interminables et épuisantes, ainsi que le rapporte une élève dans une enquête menée en Suisse : « À la maison ils n'en peuvent plus de mes joggings. Ils trouvent que ça ne fait pas sérieux. Ils me disent "Après tu vas aller au travail et ça ne fait pas sérieux. On ne peut pas sortir en pyjama"[18]. » Ou encore cette mère de quatre enfants scolarisés dans un établissement ayant adopté l'uniforme : « On parle souvent de charge mentale. Pour ma part, je vois vraiment la différence, c'est une grosse préoccupation en moins. Le matin, je ne me pose plus la question, ce n'est plus la guerre avec mes filles parce qu'elles n'ont pas le T-shirt qui va avec la jupe. Pour les familles nombreuses, c'est une libération, c'est magique[19]. »

Les parents trouvent des alliés plus facilement chez leurs plus jeunes enfants que chez leurs ados, soucieux d'imposer leur autonomie. Chez les plus jeunes écoliers, la ritualisation, notamment vestimentaire, est une nécessité qui facilite l'incorporation du rôle scolaire. « Quotidien, le vêtement scande la vie de l'écolier au cœur du microcosme scolaire. Des chaussons enfilés à l'entrée en salle de classe chez les plus jeunes, aux costumes de sport imposés, des blouses de peinture aux serviettes de la cantine, les tenues portées par l'enfant dans l'environnement scolaire sont variées et normées[20]. » Elles constituent autant de repères permettant de progresser dans l'apprentissage du rôle en intériorisant un « autre que soi ». L'uniforme fait franchir un saut qualitatif, il ne symbolise pas seulement une activité particulière à l'intérieur du processus éducatif, mais le rôle d'écolier dans sa globalité.

Que l'on me permette ici une anecdote. J'avais visité il y a une dizaine d'années une communauté indienne Emberas, à la frontière entre le Panama et la Colombie, dans une forêt très éloignée de ce que l'on appelle « la civilisation ». Les adultes ne savaient pas lire (ils savaient compter pour vendre leur artisanat aux touristes de passage), mais leurs enfants allaient chaque jour à l'« école », une petite cabane en tôle contrastant avec les majestueuses constructions en bois. Or ces enfants qui vivaient totalement nus à l'époque, revêtaient un uniforme scolaire standard pour entrer dans la classe, parfaitement lavé et repassé par des mères, vêtues elles-mêmes d'un simple pagne végétal. L'entrée dans un rôle faisant vivre un « autre que soi » était ici radicale mais s'effectuait pourtant avec une étonnante facilité. C'est avec le plus grand naturel qu'à peine sortis de la classe, les enfants se retrouvaient à nouveau dans la plus parfaite nudité pour aller jouer. Dans cette situation quasi expérimentale, j'essayai de réfléchir aux effets de cette séquence particulière d'une socialisation très marquée. À mon avis elle pouvait déclencher tout et son contraire : une trajectoire biographique entraînant l'individu vers de tout autres horizons, loin de la communauté, par l'entremise des études mais aussi, à l'inverse, un maintien dans celle-ci, comme si le passage par l'école et ce régime vestimentaire étonnant n'avaient pas laissé de trace. Il me semble que ce cas très spécial permet de mieux comprendre le double aspect de la socialisation par l'uniforme : autant elle peut être puissante et profonde, autant elle n'a rien de totalisant ni d'inéluctable.

Parler de l'uniforme scolaire en général n'a qu'une valeur limitée tant les détails et le contexte ont leur importance. Ainsi, dans beaucoup de pays, la problématique change fortement selon que l'on parle d'adolescents ou de très jeunes enfants, qui s'amusent à endosser l'uniforme comme ils le feraient d'un déguisement. Au Japon, si les adolescents ne contestent guère l'uniforme, une séquence d'autonomie s'ouvre un peu plus tard. Laura Penttinen détaille comment les personnes traversent trois séquences contrastées. Dans leur prime enfance, de la crèche aux petites classes, l'uniforme est un instrument central instituant le rôle d'écolier, et cela se prolonge jusqu'aux grandes classes (avec un attachement plus fort aux couleurs et au style de l'établissement, réappropriés pour afficher leur look personnel). Cette période « se termine lorsque l'étudiant entre à l'université à l'âge de 18 ans, et dure jusqu'à ce qu'il obtienne son diplôme et entre sur le marché du travail. Il n'y a donc que deux à quatre ans, selon le degré, de temps sans uniforme pendant lequel ils ont la possibilité de porter ce qu'ils veulent[21] ». Car dès l'entrée dans une profession, ils vont retrouver pour la plupart un code vestimentaire imposé pendant leur temps de travail.

Dress code, uniforme tendance et uniforme plus classique

Le style de l'uniforme a également son importance. Du minimalisme approximatif réduit à un seul vêtement (une blouse, une surchemise, un sweat-shirt) à un vestiaire très complet et pointilleux dessinant l'écolier des pieds à la tête. De la souplesse d'étoffes confortables à la rigidité d'un blazer-cravate infusant d'autres valeurs et invitant à d'autres postures corporelles. De l'innovation d'un design tendance à un style plus classique avec armoiries moyenâgeuses. Tout cela est très différent et d'autant plus complexe que le style choisi ne doit pas être renvoyé aux seuls goûts personnels des jeunes qui vont endosser le vêtement. Il ne doit même pas y être renvoyé principalement, car il y a plus important, l'idée de la symbolique du rôle. Il ne s'agit pas d'un vêtement pour soi, dans la vie ordinaire, mais d'une marque institutionnelle, qui doit relever le double défi d'être suffisamment identifiable en tant que telle, tout en étant acceptable personnellement, ne pas être rejetée, faire au moins un peu envie.

La déception d'une école de Bâle, qui avait cru très bien faire, est de ce point de vue particulièrement instructive. « Un designer de la région avait conçu l'uniforme de cette école. Pantalon cargo, haut à capuche, casquette : bien éloigné de l'uniforme communément envisagé ailleurs dans le monde[22]. » Or les adolescents refusèrent ce qu'on leur proposait. Certes les vêtements étaient bien dessinés, parfaitement dans l'air du temps, mais ils n'apparaissaient pas à leurs yeux comme des uniformes scolaires. À quoi bon ne plus pouvoir s'habiller comme on veut si c'est pour porter les mêmes vêtements que l'on porterait si l'on pouvait choisir ? L'idée que se forment les jeunes du vêtement pouvant symboliser le rôle n'est pas simple à définir. Elle peut être davantage influencée par une série à la mode (s'imaginer dans le monde de *Harry Potter*[23]) que par un désir d'inscription institutionnelle. Mais la vague perception que l'uniforme peut aider à une prise de rôle est bien présente dans les esprits.

Il faut cependant prendre en considération que les adolescents ne vont pas demander par eux-mêmes que leur soit imposé un rôle, contraignant leur liberté, puisqu'ils sont à l'âge d'une tentative maximum d'expression de cette dernière. Ils peuvent l'accepter, ce qui est très différent, surtout si l'opinion autour d'eux évolue en faveur de l'uniforme. Ils peuvent même l'accepter de façon affirmée, avec la conscience du caractère protecteur du rôle, mais il faut que l'injonction vienne d'en haut, comme dans le mécanisme de la soumission volontaire.

Le contexte est complètement différent quand on parle d'un simple *dress code*. Il n'existe pas de continuum entre le *dress code* et l'uniforme, mais une rupture, qui fait entrer dans un autre régime de socialisation. « La réglementation des tenues vestimentaires des élèves relève précisément de l'exercice d'une fonction de police, traditionnellement assurée par les établissements d'enseignement[24]. » Le corps des filles (trop couvertes ou pas assez) est particulièrement visé. « Nombreux sont les règlements intérieurs à imposer le port de tenues discrètes, de tenues convenables, de tenues adaptées aux activités scolaires, de tenues sobres et correctes, sans qu'il soit toujours aisé de savoir ce que recouvrent ces exigences[25]. » Qu'est-ce qu'une tenue « discrète » ou « convenable » ? Ces critères restent vagues, et les responsables d'établissement doivent arbitrer dans l'urgence quand surgit un problème. Contrairement à l'uniforme, les consignes vestimentaires du règlement intérieur restent ouvertes à l'interprétation. Et surtout, n'imposent pas un modèle venu d'en haut, mais incitent les élèves à un autocontrôle : chacun s'habille comme il veut, dans des limites abstraitement fixées. La liberté reste le principe de base, en étant simplement encadrée, sans que le jeune ne devienne « autre que soi ». Il n'y a pas prise de rôle qui le transforme, ni ne l'accroche à l'institution.

TROISIÈME PARTIE

DÉBATS

COMMENT SE FORMENT LES DÉBATS

Tout part d'un fait divers

L'uniforme symbolise un rôle qui, lorsqu'il est occupé, socialise en profondeur l'écolier ou le lycéen, mais de façon subtile et insaisissable. Il est donc logique que les acteurs n'en fassent pas état quand on leur demande leur avis, pour ou contre cet uniforme. Les uns vont pointer des problématiques très générales et abstraites, comme les limites à leur liberté ; les autres, des détails du quotidien, comme la conjuration de la guerre des marques ou le fait qu'il soit plus confortable mentalement de ne pas avoir à choisir comment s'habiller le matin. De la même manière, la modernité paradoxale du développement récent de l'uniforme ne remonte pas spontanément aux consciences. L'idée très majoritairement partagée étant même que l'uniforme est, et ne peut être, qu'un signe passéiste. Cette difficulté à plonger dans les causes profondes explique en partie (car s'y ajoutent des problèmes méthodologiques) pourquoi les études d'évaluation sont si décevantes.

Elle explique aussi les conditions dans lesquelles émergent les débats. Je ne parle pas ici des pays de vieille tradition de l'uniforme, dans lesquels les débats sont rares, ponctuels et discrets. L'uniforme étant la norme communément acceptée, les questionnements n'apparaissent que de façon marginale et passagère, sur des détails plutôt que sur le fond, ou dans des cas particuliers. En Irlande par exemple « le débat public autour de l'uniforme est généralement momentané et éphémère[1] », comme à propos des consignes de nettoyage lors de la crise du Covid-19 ou sur certains choix stylistiques pour les filles. Dans les pays qui ne connaissent pas l'uniforme au contraire ou qui l'ont oublié (les États-Unis d'il y a trente ans ou l'Europe continentale d'aujourd'hui), les débats éclatent souvent d'un coup, polémiques et passionnés, avant même que l'uniforme ne soit expérimenté. Cet objet vestimentaire étrange, curieusement surgi du passé, s'impose soudain dans des débats confus, qui radicalisent les camps opposés dans un échange d'arguments faiblement structurés jetés au petit bonheur la chance. À l'évidence, la question n'avait pas été pensée au préalable, et c'est un autre motif qui avait poussé à la mettre sur la table.

J'ai procédé à une rapide analyse de la structure de ces débats dans plusieurs pays, et un modèle principal se dégage, qui se reproduit fréquemment. Tout part soudain d'un banal fait divers, dans un établissement scolaire, souvent à propos de la tenue d'une jeune fille. Pour une raison ou une autre, elle semble enfreindre le règlement intérieur, mais refuse d'obtempérer aux rappels à l'ordre. C'est « mon droit », « ma liberté », « mes désirs », « ma religion », proteste-t-elle selon les cas. Généralement, l'art diplomatique des encadrants scolaires permet de résoudre la question. Mais cette bienheureuse thérapie négociatrice, mille fois répétée dans les écoles, masque une réalité de fond beaucoup plus problématique. Car deux principes, parfaitement antagonistes, s'affrontent. La liberté individuelle, qui dans la théorie générale de notre époque, ou si l'on veut, dans son imaginaire, est sans limites ou presque. Et la nécessité malgré tout d'établir des règles du vivre-ensemble, surtout dans des lieux comme l'école qui s'inscrivent dans un cadre institutionnel.

La contradiction fondamentalement insoluble explique qu'un jour, ici ou là, le léger conflit qu'un chef d'établissement n'est pas parvenu à gérer, se cristallise brusquement en un fait divers repris et amplifié par la presse locale, puis nationale. Les chroniqueurs, les politiques s'en emparent. Chacun y va de ses colères et de ses propositions, le débat monte en intensité. Et c'est à ce moment qu'apparaît l'hypothèse de l'uniforme pour régler le problème. Le débat alors se déplace et se transforme en affrontement pour ou contre l'uniforme, cependant que la question de départ est, non pas oubliée, mais remisée dans une autre case des polémiques.

Ce modèle d'émergence et de formation du débat s'est vérifié aux États-Unis dans les années 1990. La montée en généralité de plusieurs faits divers (racket organisé, tueries de masse) avait fini par déclencher les propositions de Bill Clinton sur l'uniforme.

Le modèle s'est également vérifié en France, par le détour de la question du voile et de la laïcité. La liste des affaires qui ont émaillé l'actualité depuis plus de trente ans est connue. Les trois collégiennes de Creil renvoyées par leur proviseur en 1989, fait divers qui déclenche le premier emballement médiatique d'ampleur, avec des répliques régulières dans les années suivantes, jusqu'au vote de la loi sur les signes religieux dans les écoles publiques françaises en 2004. L'affaire à rebondissement de la crèche Baby Loup, de 2008 à 2013, etc. À chaque fois le déroulé du processus est identique. 1/ Brusque éclatement à partir d'un micro-événement. 2/ Surgissement de la passion, amplifiée par les médias. 3/ Clivage en deux camps opposés, et, à l'issue un débat assez confus, nouveau degré dans la montée en puissance des prescriptions vestimentaires dans les règlements intérieurs. En 2023, deux mois après l'interdiction de l'abaya à l'école, suite à de nouvelles polémiques enflammées, le ministre de l'Éducation Gabriel Attal lance l'idée de l'expérimentation d'une tenue commune. Le débat se déplace et se fixe sur la question de l'uniforme scolaire.

Troisième exemple, illustrant le même modèle (à partir d'une question de départ très souvent différente) : la guerre des nombrils au Québec.

La guerre des nombrils

Au tournant des années 2000, une nouvelle mode fait soudain fureur chez les écolières. Imitant des stars américaines comme Britney Spears, elles s'affichent dans un style « hyper-sexy » dont elles ne mesurent qu'en partie les connotations érotiques. Une enseignante témoigne de son désarroi dans le journal *La Presse*. « Tous les jours, dans les corridors, je vois des nombrils, des épaules dénudées, des jupes courtes, des décolletés démesurés[2]. » Le mouvement s'étend et s'accentue, inquiétant parents et enseignants. Bientôt un puissant écho médiatique déclenche ce que la sociologue Caroline Caron, reprenant les travaux de Stanley Cohen[3], appelle une « panique morale », réaction collective disproportionnée à des pratiques considérées comme déviantes et dangereuses. Les débats sont enflammés. Il faut réagir. La guerre des nombrils est déclenchée.

Pendant plusieurs années, les établissements scolaires vont désespérément multiplier les opérations de remise en ordre tentant de faire appliquer le règlement intérieur. « Rien à faire. Malgré les resserrements des codes vestimentaires, les réprimandes des directions d'école et les appels désespérés des parents, les lolitas ne semblent pas près de se rhabiller[4]. » Dans un vocabulaire délicieusement québécois, le journal *Le Soleil* constate l'impuissance des autorités. « Où que l'on aille, les descriptions des jeunes filles en T-shirt « bedaine », en camisole « spaghetti » ou en microjupe reviennent invariablement sur le tapis. Leur entêtement à ne pas se conformer aux règlements aussi[5]. » Non seulement la révolte vestimentaire adolescente semble impossible à canaliser, mais la multiplication des normes d'habillement de plus en plus pointilleuses (tout est mesuré au centimètre) rend la vie quotidienne épuisante.

C'est à ce moment que l'uniforme apparaît dans le débat, et le recompose, se plaçant au centre des nouvelles controverses. L'enseignante déjà citée poursuit son témoignage. « À force de les avertir d'aller se rhabiller, de baisser leur gilet, de monter le pantalon, de rallonger la jupe… je me demande si ça ne serait pas plus simple de leur imposer un uniforme[6]. » Dans un premier temps, des solutions intermédiaires sont imaginées, comme cette sorte de sweat-shirt de la honte dissimulant le problème. « Une des mesures courantes pour endiguer le problème de la mode sexy dans les écoles consiste à imposer, par-dessus les vêtements illicites, le port d'un vêtement chaud et laid, comme un immense chandail en coton ouaté portant l'inscription *J'aime mon école* [7]». Il ne s'agissait en fait que d'un bricolage provisoire, préparant les esprits au saut qualitatif qui allait suivre : résoudre le problème en adoptant l'uniforme.

Le débat avait été si intense durant la panique morale que le glissement s'opéra avec une étonnante facilité, l'uniforme semblant même moins exciter les passions que ne l'avaient fait les nombrils à l'air. « S'il n'y a pas consensus sur les moyens, le problème, lui, ne fait pas de doute. Un nombre important d'articles et de reportages annoncent l'adoption de l'uniforme ou de collections vestimentaires dans les écoles francophones aux quatre coins du Québec[8]. » Une école de la région de Gatineau annonce ainsi « prendre les grands moyens pour bannir les nombrils à l'air et les décolletés plongeants des salles de classe[9] », en imposant le port de l'uniforme pour la rentrée suivante.

Si le glissement s'était opéré si facilement, non seulement vers le débat sur l'uniforme, mais aussi vers une mise en pratique rapide, c'est aussi, bien au-delà de la guerre des nombrils, parce que pointait une vague conscience qu'il pourrait aider à sortir des impasses de l'époque. En novembre 2024, le journal *La Presse* pouvait titrer : « Les écoles publiques où l'uniforme complet n'est pas obligatoire sont en voie de devenir l'exception au Québec[10]. »

Variantes : Suisse, Italie

La Suisse montre un contre-exemple. Ici, pas de grande cristallisation passionnée à propos de la violence, du voile, des nombrils, ou autre fait divers fondateur, qui aurait, comme dans le modèle dominant, installé un débat préparatoire au basculement vers l'uniforme. Mais une succession de micropolémiques et initiatives locales, qui le font régulièrement, à bas bruit, ressurgir. « Sans parvenir à s'imposer, l'uniforme scolaire revient sans cesse dans l'actualité.[11] »

En analysant ces divers épisodes, on constate que les arguments mis en avant pour justifier l'uniforme sont très variés et ancrés dans la modestie de la vie quotidienne. Il s'agit de contrer la tyrannie des apparences, simplifier l'habillage du matin, combattre le laisser-aller vestimentaire (illustré par le port d'un jogging), ou les tenues « inappropriées » des filles. À l'évidence, cette suite éclatée ne constitue pas un axe fort susceptible de forger un grand débat national, suffisamment intense et cohérent pour provoquer une rupture dans les comportements.

Tout se passe donc comme si, dans l'attente d'un improbable déclencheur, un imperceptible bouillonnement, mijotant à petit feu, ne provoquait que des éruptions minuscules, des expérimentations bientôt avortées, ou ne débouchait que sur des demi-mesures, comme ce « T-shirt de la honte[12] » que des jeunes filles furent contraintes d'enfiler par-dessus leurs vêtements dans une école de Genève.

La formule cependant n'est sans doute pas aussi simple, le modèle que j'ai mis en évidence ne marche pas à tous les coups. D'abord parce que l'uniforme peut soudain s'imposer par le bas d'une opinion consensuelle, sans grandes confrontations ni polémiques, comme cela s'est passé en Martinique ; simplement parce que l'on était prêt à l'accepter. Ensuite parce qu'un débat public agitant vivement les esprits peut aussi ne déboucher sur rien. Tout dépend de l'histoire de l'uniforme dans le pays et de la manière dont s'est construit ce débat. Comme le montre le cas italien.

Ici, à la différence de la France, l'uniforme scolaire a une histoire qui reste très présente dans les esprits. À l'époque du fascisme, la jeunesse fut enrégimentée par Mussolini, et l'uniforme y joua un rôle central. Dans les mouvements de jeunesse, chaque groupe d'âge avait sa tenue particulière, de type militaire pour les garçons, notamment les célèbres *balilla*, de 8 à 14 ans. À l'école, presque tous endossaient un tablier noir (couleur de référence des fascistes), agrémenté d'une collerette et d'un *fiocco*, foulard noué en guise de cravate. Sans être obligatoire, ce tablier (beaucoup plus sophistiqué que la blouse approximative française) était devenu la norme, surtout dans les petites classes. Au point qu'il ne disparut pas à la Libération, seules les couleurs changèrent, évoluant parfois vers le bleu pour les garçons, et le blanc ou le rose pour les filles. Il fallut attendre la révolte de la jeunesse des années 1960 pour qu'il soit remisé au placard (mais pas pour les tout-petits).

Cette histoire particulière explique que l'uniforme occupe une position quelque peu contradictoire et instable dans la mentalité italienne. D'un côté, il ne surprend pas, comme il peut le faire en France, il reste un repère ordinaire de l'école dans bien des familles, quand elles feuillettent par exemple d'anciens albums photo. Mais de l'autre, il est marqué par ce qu'il y a eu de plus détestable, extrémiste et violent dans l'histoire italienne. Selon la manière dont le débat s'organise, l'opinion peut donc facilement basculer dans un sens ou dans l'autre.

Un débat sans suite

L'opinion, mesurée par quelques sondages, s'avérait nettement favorable à l'uniforme scolaire[13], sans qu'aucun débat d'ampleur ne soit lancé, quand une députée interrogea la ministre de l'Éducation sur la question. Cette dernière, Mariastella Gelmini, réagit aussitôt en disant qu'elle la trouvait excellente, improvisant des arguments sur les effets néfastes de la compétition autour des vêtements griffés, surtout pour les plus modestes qui ne peuvent avoir accès à ces tenues onéreuses. Elle est aussitôt soutenue par la composante la plus conservatrice du gouvernement, dirigé par Silvio Berlusconi, qui voit là le moyen d'introduire plus d'ordre et de discipline dans les établissements. En quelques mois, le débat prend de l'ampleur, et le clivage s'accentue entre les camps en présence. Cependant que la gauche et les syndicats enseignants avancent qu'il y a des problèmes plus urgents à résoudre[14], les discussions préparatoires au projet de loi ne parlent plus désormais de simple tablier mais bien d'uniforme (il s'agit en réalité d'un effet linguistique, car les premières ébauches concrètes évoqueront bien un tablier, pour les petites classes). La suite est plus étonnante. Alors que l'idée avance, et que le conseil des ministres a validé un projet de loi qui sera adopté par l'Assemblée, le débat retombe comme un soufflé, et une seule école, à Milan, expérimente le *grembiulino*, imaginé par un designer et qui n'a « rien à voir avec l'ancien tablier[15] ». Car non seulement la montagne avait accouché d'une souris, mais celle-ci était revenue à un modeste *grembiulino* (« petit tablier ») plutôt qu'au grandiloquent uniforme envisagé un temps.

« Il y a juste un petit problème », écrit l'essayiste Girolamo De Michele (dans un chapitre qui s'intitule « Le tablier qui n'existe pas »), c'est que la loi ne prévoyait aucun décret d'application, la mise en application étant renvoyée aux initiatives des écoles. Elle n'a servi qu'à « remplir l'air de discussions » sur l'uniforme scolaire[16]. Le gouvernement et les parlementaires s'étaient appuyés sur une opinion favorable pour multiplier les effets de manche, sans se donner les moyens d'une réforme réelle. Un peu comme si eux-mêmes n'étaient pas totalement convaincus. D'autant moins qu'au même moment, à l'automne 2008, se forme un vaste mouvement d'opposition dans les écoles, les lycées et les universités, mobilisant les étudiants mais aussi les enseignants des classes élémentaires, contre toutes les décisions du ministère[17]. À peine avait-il été sanctifié par la loi que l'uniforme scolaire était oublié.

Oublié pendant dix ans. Car en 2019, le leader d'extrême droite et ministre de l'Intérieur Matteo Salvini fait soudain une déclaration tonitruante sur la nécessité de rendre l'uniforme obligatoire dans les écoles élémentaires. Malgré la forme « trumpienne » du propos, il est remarquable que les réactions hostiles aient été assez rares. « À la différence d'autres saillies du ministre de l'Intérieur, celle-ci semble avoir été accueillie sans grandes polémiques[18]. » Ce qui prouve à quel point l'opinion était prête à basculer dans un sens favorable, au moins pour les petites classes. Mais, se sentant ainsi le vent en poupe, Salvini ne put s'empêcher d'en rajouter, en clivant le débat de la pire des manières. « D'aucuns vont crier au scandale et évoquer le Duce, mais un pays meilleur se construit aussi avec de l'ordre et de la discipline[19] », déclara-t-il, fier de sa formule. Or, associer Mussolini à l'uniforme scolaire ne pouvait avoir qu'un effet immédiatement ravageur. Le rendez-vous de la société avec l'uniforme était encore raté.

Deux niveaux de pensée

Les débats ne sont pas les mêmes d'un pays à l'autre, ils sont liés à des spécificités locales, à une histoire particulière. En France, la radicalité de la gauche favorable à l'uniforme avait influencé Napoléon, qui dériva lui-même vers une radicalité militariste, ce qui déclencha un vaste mouvement d'opinion hostile à l'uniforme, dont nous sommes encore les héritiers. En Italie, où le tablier est resté un repère, plus ou moins vivace mais très présent dans l'imaginaire, la prédisposition favorable est menacée de retournement dès qu'un lien est établi avec les années noires du fascisme.

Malgré cette diversité, quelques invariants parviennent à dessiner une structure formelle assez stable. Le plus important est une opposition entre les arguments de surface, abondamment répétés (comme une sorte de doxa qu'il est inutile d'interroger davantage), et un arrière-plan des pensées, plus énigmatique car faiblement exprimé (quand il ne reste pas totalement secret), mais dont on sent qu'il est souvent le plus motivant.

Les arguments de surface, parfois bien réels, parfois avancés pour masquer les motivations profondes, sont connus, j'en ai déjà un peu parlé. Il y a la croisade contre les excès du consumérisme, la tyrannie des apparences et les ravages de la guerre des marques. Il y a la thématique plus sociale et égalitariste du vêtement commun qui évite de stigmatiser les plus démunis. Il y a les aspects très concrets qui facilitent la vie parentale au moment de partir pour l'école. Il y a le fait que l'uniforme favorise un sentiment d'« appartenance » (sans que le collectif de référence soit la plupart du temps précisé), etc. Ces motifs ne sont pas tous du même niveau et de même nature, ce qui peut faire penser que mon énumération est un peu brouillonne. Mais c'est très souvent ainsi qu'ils sont ajoutés les uns aux autres, dans un argumentaire peu structuré, qui déroule des points divers de façon aléatoire.

Cependant le désir d'uniforme semble souvent venir bien davantage de motivations plus profondes : on sent que tout n'est pas dit ouvertement. Par exemple quand des politiques de droite mettent en avant les bienfaits de l'égalitarisme ou de la lutte contre le consumérisme ; ce qui est pour le moins éloigné de leurs thèmes de prédilection. Mais dès que l'auditoire s'avère plus bienveillant à leur égard, ils ajoutent que l'école et la société tout entière ont un besoin urgent d'ordre et de discipline. La juriste Hélène Orizet a analysé sous cet angle les débats parlementaires. « L'uniforme scolaire est l'objet de représentations – sans que cela soit forcément conscient – permettant de satisfaire des désirs plus ou moins refoulés. L'exploration des récents débats parlementaires en faveur du port obligatoire d'un uniforme scolaire laisse précisément découvrir l'expression d'un désir d'ordre social[20]. »

Il est toutefois nécessaire d'affiner l'analyse, car il y a ordre et ordre, cinquante nuances possibles d'encadrement des citoyens. Le plus simple à décrypter est l'éventail qui va d'un désir d'ordre modéré, fondé sur le respect mutuel, le respect des enseignants, la tolérance pacifique, au rêve d'un uniforme pouvant devenir le cheval de Troie d'une reconquête conservatrice ; ce qui n'est pas du tout la même chose. On ne mesure pas assez combien évoquer l'ordre et la discipline peut renvoyer à des philosophies différentes.

Dans l'arrière-plan de ce qui n'est dit que du bout des lèvres, le plus difficile à saisir est ce que l'on pourrait appeler le désir d'ordre venant de la gauche, qui prend la forme (peu prescriptive) d'une nostalgie républicaine. Une sorte de rêve, se fondant dans la grande histoire de l'instruction publique, autrefois pilier fondateur de la République. L'école n'avait réussi cet exploit que parce qu'elle avait été constituée en institution. Forte, hiérarchique, respectée. Il est impossible de revenir à ce modèle au temps qui est désormais le nôtre de l'autonomie individuelle. Mais n'y aurait-il pas moyen d'inventer quelque chose ? Des articulations entre autonomie et respect de l'institution, pour éviter le délitement de cette dernière ? Dans le brouillard du rêve nostalgique se profile l'esquisse d'un vague projet d'avenir.

Du côté des opposants à l'uniforme, le leitmotiv universel est celui de la liberté individuelle (inscrite dans le premier amendement de la Constitution, ajoute-t-on aux États-Unis, où cet argument est récurrent). En France, ce principe de liberté est plutôt avancé par les lycéens, réfractaires à l'idée de devoir se couler dans un moule vestimentaire. Mais les oppositions les plus fortes, les plus organisées, viennent des militants de gauche proches de l'univers scolaire et des syndicats enseignants. Là aussi la pensée (et la parole) est divisée en deux niveaux. Ce qui est le plus visible et le plus exprimé s'organise autour du refus d'accorder la moindre importance à l'uniforme, sorte de dérivatif anecdotique comparé aux nombreux et difficiles problèmes que l'école doit affronter. La question du coût est notamment soulignée, alors que cet argent pourrait être très utile ailleurs. Argument légitime, fort recevable, notamment à l'heure des restrictions budgétaires.

Mais au détour des phrases pointe une autre ligne argumentative, au ton beaucoup plus passionné, qui dément le premier niveau de pensée prétendant que l'uniforme est sans importance. Le désir de s'y opposer résolument, tapi dans les profondeurs, éclate soudain et proclame la raison principale : parce que l'uniforme est de droite, promu par des politiques de droite. La passion née du clivage en deux camps antagonistes pousse à lever le ton, à se mobiliser, à multiplier rassemblements et pétitions.

D'où ce paradoxe : les opposants à l'uniforme parlent beaucoup plus fort que les personnes qui lui sont favorables, volontiers silencieuses. Et les médias, pris dans le courant, amplifient ces cris d'opposition, donnant l'impression que l'opinion est massivement contre. L'analyse de la presse est très révélatrice ; le moindre grain de sable fait immédiatement la Une. Le 26 mars 2024 par exemple, l'opposition municipale de Puteaux révèle que les uniformes, qui devaient être *made in Europe* sont fabriqués au Bangladesh[21]. Or ce qui aurait dû n'être qu'un problème mineur (la mairie a d'ailleurs aussitôt réagi) se transforme en mise au pilori nationale. La couverture de presse est impressionnante. Le même jour, quatre écoles de Neuilly-sur-Marne votent massivement pour l'uniforme : un seul article, dans le très discret bulletin municipal[22].

Contraste d'autant plus frappant que l'opinion est majoritairement favorable à l'uniforme (68 % des Français se prononcent pour le port d'une tenue unique, seuls 27 % y sont opposés[23]). Le minimum serait de s'interroger sur ce décalage avec l'agitation contestatrice qui s'affiche dans les médias, d'essayer de comprendre pourquoi ce qui paraît si évident à certains (refuser l'uniforme) ne l'est pas pour d'autres.

Des détails qui n'ont rien d'anodin

Décider que les vêtements soient fabriqués en France alors que leur coût alimente la critique est un choix éthique fort, souvent associé à divers critères écologiques et humains (origine des fibres, conditions de travail des ouvriers du textile). Ce système de valeurs, amplifié par une campagne de communication, n'est pas sans effet sur les élèves qui vont endosser l'uniforme ; ils intériorisent aussi un peu de la morale qui a entouré la définition des vêtements.

De façon plus générale, la question qui se pose est de savoir dans quelle mesure l'uniforme socialise, formate, voire enrégimente l'enfant qui le porte. Est-il profondément transformé ou reste-t-il « lui-même » à l'intérieur, peu perméable à ce que diffuse le vêtement ? Les écoles qui doivent opérer des choix de styles et de couleurs sentent confusément le poids des responsabilités qui pèse soudain sur elles ; elles ont le pouvoir de changer des individus, de les transformer réellement. La crainte d'en faire trop explique d'ailleurs qu'elles optent modestement pour des formes et des teintes passe-partout, évitant des caractères trop marqués. Sauf pour le logo faisant référence à la ville (parfois), et plus souvent à l'école. C'est sur ce point particulier que les responsables souhaitent insuffler un « esprit », l'esprit d'équipe de la communauté d'établissement. Pour le reste, ils jouent profil bas.

En atteste la question du confort. Entre des vêtements souples et agréables à porter, ou d'autres plus formels qui « tiennent » le corps et lui interdisent de trop s'avachir en classe, la différence est considérable. Des uniformes composés d'un sweat à capuche ou d'un blazer-cravate ne produisent pas du tout les mêmes effets, on peut de visu constater les variations induites sur les attitudes corporelles. Dans les multiples arguments qui sont égrenés par ceux qui sont favorables à l'uniforme, on entend que cela permettrait de lutter contre les joggings en classe, devenus les symboles d'un laisser-aller sapant l'autorité des maîtres. Or les choix vont très majoritairement dans le sens d'une tenue *sportswear* pas très éloignée d'un jogging. Le sweat-shirt est plébiscité, à la seule réserve (de nombreux débats ont lieu sur ce thème) qu'il ne soit pas assorti d'une capuche. L'uniforme cherche à ne pas s'imposer, et à se fondre dans la banalité vestimentaire de l'époque. Si l'on excepte le logo, un élève, de sa propre initiative, pourrait s'habiller ainsi.

Les critiques de l'uniforme disent qu'il n'empêche pas la guerre des marques qui est simplement déplacée vers des accessoires : sacs, bijoux, téléphones, voire chaussures qui souvent ne sont pas incluses dans le code vestimentaire. C'est tout à fait exact, il se contente de l'atténuer. Mais cela montre en même temps que l'uniforme ne socialise qu'en partie l'individu, que la créativité individuelle sur l'image de soi reste très opérante. Cela a d'ailleurs été observé dans des contextes où l'uniforme était pourtant très strict, comme dans la Russie des années 1980, où les filles ajoutaient de discrètes broderies ou des pinces de poitrine[24]. L'individualisation maintenue est donc encore plus évidente quand la « tenue commune » se borne à un élément minimal (plusieurs écoles en France ont choisi de ne proposer qu'un haut, en général un ensemble sweat-shirt et T-shirt).

Le constat étant fait que les uniformes proposés sont très loin des tenues prestigieuses d'Eton College, que les vêtements souples aux couleurs passe-partout (et limités parfois au haut du corps) laissent beaucoup de marge à l'expression de l'individualité, on peut se dire que les écoles ont tort de s'angoisser sur leurs responsabilités au moment des choix stylistiques. Pourtant, même réduit à cette modalité minimale, l'uniforme exerce un discret mais puissant effet socialisateur. On le comprend en étudiant le mécanisme de la prise de rôle ; il peut suffire d'un signe institutionnel pour que l'individu devienne « autre que soi. »

Les responsables ressentent intuitivement, mais fortement, le poids de leurs décisions sur nombre de détails qu'ils ont à débattre. Particulièrement en ce qui concerne les filles. Une seule question parfois peut plonger dans une réflexion qui pourrait être sans fin : jupe ou pantalon ?

LE CORPS DES FILLES

Deux histoires

L'histoire de l'uniforme n'a pas été la même pour les filles et pour les garçons. Elle a d'abord concerné ces derniers, plus scolarisés que les filles, et pour lesquels l'idéal patriotique, pouvant aller jusqu'au militarisme, a influé sur la définition d'un style caractéristique. Pour les filles, destinées à un rôle domestique subalterne, le droit à l'éducation n'en était encore qu'à ses débuts et devait renverser bien des obstacles. Leur scolarisation fixait des horizons limités et s'effectuait par la petite porte d'institutions spécialisées, dépendant souvent de congrégations religieuses. L'uniforme n'était alors qu'une réplique du vêtement porté par les nonnes enseignantes. En France, quand elles parviennent à accéder aux écoles normales (et cependant que les garçons portent fièrement les habits des hussards noirs de la République), les filles disparaissent humblement derrière des étoffes sans relief. « La tenue exigée des normaliennes de l'enseignement primaire est calquée sur l'habit religieux. Elles doivent alors avoir dans leur trousseau, selon le règlement : une robe noire en cachemire ou croisé de laine unie ; jupe unie ; corsage uni ; un mantelet de même étoffe fait exactement sur le modèle de l'école[1]. »

Le changement va venir encore une fois d'Angleterre. Au moment où, au début du XXe siècle, les filles commencent à entrer dans une scolarisation qui se veut l'égale de celle des garçons, elles vont soudain basculer vers une reproduction du style scolaire masculin et intégrer un cadre de socialisation semblable, abandonnant la spécificité ancienne des activités et postures « féminines »[2]. Elles étudient les mathématiques et s'adonnent au sport. « Les uniformes scolaires ne font pas exception et de plus en plus d'éléments masculins s'ajoutent pour imiter ce qui se passe dans les écoles de garçons, notamment les chemises et les cravates[3]. »

Ce moment est aussi puissamment fondateur qu'assez complexe à analyser, car différents processus s'y entrecroisent. Les filles, si l'on me permet cette simplification, passent d'un rôle à l'autre, du stéréotype d'un rôle de genre qui leur assignait une position particulière et subalterne, à un rôle d'écolière semblable à celui des garçons, inscrit dans l'institution scolaire, qui, en ouvrant au savoir et aux diplômes, permet d'envisager l'égalité avec les hommes. La chemise et la cravate symbolisent cette rupture révolutionnaire. Mais cette potentialité émancipatrice de l'éducation entre en contradiction avec des mentalités qui, à l'époque, ne sont pas encore disposées à accepter la primauté de l'individu sur sa définition genrée : on est d'abord une fille ou un garçon, et non une personne capable de s'inventer à sa guise.

La chemise et la cravate, parfois le blazer, indiqueront pour les filles que l'histoire des identités est en marche. Mais la jupe écossaise fera alors son apparition pour compléter l'ensemble, et rassurer les inquiets de la modernité. Les filles avaient trouvé leur modèle (composite) d'uniforme.

Filles et garçons

Elles l'avaient trouvé pour un temps, pour un temps seulement. Car dans la deuxième moitié du XXe siècle, la remise en cause des stéréotypes de genre au nom de l'égalité hommes-femmes et de la liberté du sujet a déclenché un lent mais régulier rapprochement des tenues masculines et féminines. Pas partout. Dans la plupart des pays du Sud, le clivage reste bien marqué ; c'est pantalon pour les garçons et jupe pour les filles (short quand elles font du sport). Mais ailleurs, le pantalon est une option de plus en plus offerte. Si l'on compare les écolières de France (sans uniforme) et du Royaume-Uni (avec uniforme) cependant, on constate que lorsque le choix vestimentaire est individualisé, la jupe est beaucoup plus rare. L'uniforme, s'il évolue vers un style unisexe (en fait l'imitation du style masculin), ne le fait que de façon relative et lente, il favorise le maintien d'un clivage de genre[4], illustré notamment par la jupe des écolières. Les règlements intérieurs, qui peuvent être considérés comme une première étape vers la définition d'une tenue commune, ancrent déjà l'idée d'une masculinité et d'une féminité (qualifiées de décente ou d'acceptable), en dessinant leurs contours autorisés. Au lycée Stanislas à Paris, par exemple, le règlement intérieur stipule : « Nous attendons de nos élèves qu'elles portent des tenues qui suscitent le respect et manifestent la dignité de leur féminité. » Les filles doivent être dignes (comprendre : éviter toute impudeur) mais restent des filles et sont habillées comme telles.

L'utopie de notre époque, dans les deux acceptions du terme (un projet grandiose mais difficile à réaliser) veut que nous puissions devenir des personnes, des sujets à part entière, libres de s'inventer en brisant les anciens cadres de détermination, notamment les déterminations de genre[5]. Le vêtement (en soumettant au regard d'autrui un signe identitaire) est un indicateur de cette évolution, et un instrument du changement. Autrefois les filles s'habillaient en filles, désormais elles peuvent s'habiller comme des garçons : les jeans, T-shirts et baskets sont les emblèmes de cette nouvelle tenue universaliste. Les garçons ont le privilège d'être le modèle de référence (l'universel est un élargissement du masculin), ce qui à la fois leur offre un confort vestimentaire, et restreint le spectre de leur inventivité identitaire. Les filles à l'inverse, condamnées à l'imitation pour élargir leur liberté de mouvement, ont à leur disposition une gamme vestimentaire qui peut leur permettre de s'afficher sous l'angle d'une féminité plus affirmée. Par la valse des vêtements, elles se présentent tantôt comme des individus génériques, tantôt comme des individus féminins (voire comme des objets de désir).

Cette volatilité de l'affichage identitaire féminin par le vêtement pose un problème complexe aux établissements scolaires qui ont opté pour l'uniforme et doivent en dessiner le patron. Alors que pour la rédaction d'un règlement intérieur il suffit de s'adapter aux comportements existants (définir la longueur des jupes par exemple), dessiner un uniforme signifie modeler les comportements futurs, opérer des choix qui seront prescripteurs des identités. On imagine le poids des responsabilités. On imagine aussi les difficultés. Car il est impossible pour les établissements de contraindre les comportements (nous ne sommes pas en dictature) en anticipant le mouvement vers l'universel (tous en pantalon), et cela bien que le processus soit déjà très avancé dans les établissements sans uniforme, où les jeans et joggings règnent en maîtres. La seule solution est donc d'élargir la panoplie vestimentaire pour les filles et de leur offrir un choix (jupe ou pantalon). Ce qui pose un problème de coût (alors qu'il s'agit déjà d'une critique fréquente des opposants à l'uniforme). Ce qui affaiblit également un peu le caractère institutionnel du rôle en y introduisant une marge de choix individuel. Ce qui enfin, par le maintien de la jupe, peut conforter ceux qui dénoncent l'uniforme en disant qu'il renforce les clivages de genre, et qu'en ce sens il est bien un archaïsme traditionaliste.

Au Japon, où la tradition scolaire (les filles en jupe, les garçons en pantalon) est encore largement respectée, de nouvelles revendications, venant des minorités LGBT, ont déclenché une évolution assez étonnante. « Nous avons choisi de mettre en place un cadre permettant aux élèves d'exprimer leur individualité à travers une série d'options[6] », déclare une responsable d'établissement, elle-même transgenre. « La majorité des conseils départementaux d'éducation se disent favorables à "ne plus faire de distinction entre les garçons et les filles dans les règles concernant les uniformes"[7] », tout en maintenant très largement l'usage de la jupe, bien installée dans les habitudes. La jupe, en devenant (du moins en théorie), une option pour tous, se défait de son caractère discriminant du point de vue du genre.

Mais elle ne se défait pas de tous les problèmes liés à son usage ; la jupe est sous surveillance, elle menace désormais de créer des difficultés diverses. Plusieurs travaux récents, dont une étude de l'université de Cambridge[8], ont ainsi montré qu'elle était un frein à l'activité physique. Dans le détail, on constate que si la discrimination est faible sur les temps de sport organisés, qui prévoient souvent d'enfiler des vêtements conçus à cet usage, elle est beaucoup plus marquée pour les mouvements du corps plus ordinaires, notamment dans la cour de récréation. L'accusée est très clairement identifiée, c'est la jupe (ou la robe), qui interdit de bouger sans un contrôle incessant et une limite de certains mouvements. La jupe diminue donc non seulement l'exercice physique pourtant recommandé pour la santé, mais enferme dans des postures moins déliées, moins spontanées, qui rejoignent le vieux stéréotype féminin de la retenue modeste et pudique. Car si la jupe est autant sous surveillance, c'est que le corps féminin est toujours susceptible de devenir un objet de désir.

Cachez cette épaule que je ne saurais voir

L'intolérable et même impensable potentiel érotique de jeunes filles qui sont encore des écolières se dévoile dans le regard de l'administration des établissements qui élabore la véritable police des mœurs que sont les règlements intérieurs. L'éthique fondamentale est résumée dans l'expression de « tenue décente », qui est souvent exigée[9]. Exigence qui peut se suffire à elle-même, sans être davantage précisée, tant qu'aucun incident ne vient créer un trouble à l'ordre des sensations dans l'espace public. Elle articule le double principe contradictoire d'une liberté reconnue mais aussi d'un autocontrôle fixant des bornes à cette liberté.

Tout se complique quand se multiplient des micro-incidents qui semblent enfreindre cette injonction à la décence, notamment quand certaines parties du corps affichent leur nudité. Les établissements doivent alors étudier et mettre en débat chaque bout de peau mis à nu ; un genou, un nombril, une épaule. Puis légiférer en entrant dans les détails, établir des interdictions au centimètre (d'autant plus difficiles à établir que les modes vestimentaires changent rapidement). Les corps sont scrutés. L'intolérable potentiel érotique qui jusque-là était refoulé et invisibilisé par la puissance de la socialisation scolaire, n'en ressurgit que davantage, l'épaule qui n'était qu'une banale épaule, découverte parce qu'il faisait chaud, peut donner matière à d'autres perceptions. Les règlements intérieurs représentent une modalité plus souple et moins contraignante que l'uniforme seulement tant qu'un haut degré de conflits n'est pas atteint. Car passé un certain seuil, cette police des mœurs qui se confronte à des individus reconnus dans leur liberté peut se transformer en machine infernale et épuisante.

Du point de vue des élèves, la multiplication des interdictions provoque une réaction en deux modalités contradictoires (dont les proportions sont changeantes). Avec plus ou moins de bonne volonté, sous peine de sanctions, mais parfois aussi de façon non-consciente, elles intériorisent la contrainte et se conforment à ce qui est demandé[10]. Mais il n'est pas rare qu'en même temps elles ruminent en secret leur désaveu ou entrent dans des guérillas contestatrices, qui peuvent rapidement déborder la police des mœurs vestimentaires, obligée à son tour d'intervenir de façon plus sévère. L'expérience des collégiennes devient alors celle de « la traque quotidienne des vêtements sexy par les responsables scolaires », leur « surveillance constante et intrusive », vécue « comme une forme de harcèlement institutionnalisé[11] ». D'où une frustration, augmentée encore par le caractère arbitraire des codes justifiant les interdits, qu'aucun règlement intérieur ne parvient jamais assez à préciser et stabiliser. « C'est toujours plus sévère pour les filles ! » s'écrie Noémie, très fâchée, « dès qu'ils voient un bout de peau, les profs s'énervent[12] ! »

Dans la tête des filles qui affrontent les autorités par leurs tenues « sexy », le potentiel érotique de leur comportement n'est souvent entrevu que de façon épisodique et lointaine. Les strings, minijupes et débardeurs échancrés apparaissent avant tout comme une imitation conformiste de stars à la mode[13], un style pour le style. Un conformisme stylistique qui se réfère au groupe de référence : elles veulent faire comme les autres[14]. Mais aussi un conformisme contestataire, pour affirmer l'identité en construction au cœur de la culture propre à la jeunesse, contre le monde des adultes et ses interdits, celui des professeurs, parfois celui des parents. Les postures de séduction ne viennent qu'après, entremêlées aux autres motivations et diffuses. « Il ne suffit donc pas de regarder l'habillement des jeunes pour y voir et comprendre tout ce qui s'y joue[15]. »

Mais pour les responsables de l'encadrement scolaire, l'interprétation est maximaliste et il ne peut en être autrement. La minijupe très (trop) courte ou le décolleté plongeant ne peuvent être analysés qu'en termes d'impudeur inacceptable. Il faut intervenir d'urgence, interdire, réglementer. Et quand cela ne suffit pas, que la contestation vestimentaire continue à s'amplifier et à devenir incontrôlable, vient parfois l'idée de recouvrir cette peau que l'on ne saurait voir, par un T-shirt XXL, le T-shirt de la honte. Ce fut par exemple le cas en 2020 dans une école de Genève. La décision avait été prise d'un commun accord par l'administration, les professeurs, les parents et même les représentants des collégiens. Les élèves en infraction au « Code de la pudeur » devaient enfiler un T-shirt sur lequel était écrit « Collège de Pinchat, j'ai une tenue adéquate[16]. » L'événement créa une polémique qui gonfla aussitôt dans les médias, opposant les tenants d'une tenue vestimentaire décente à ceux qui dénonçaient la stigmatisation des élèves ayant dû revêtir le T-shirt de la honte. Ce qui apparaissait comme un substitut à l'uniforme, une mesure simple et banale, se révélait être un remède pire que le mal, dégradant encore plus le climat dans l'établissement.

D'aucuns ont sans doute alors pensé que l'uniforme scolaire aurait permis de résoudre le problème de façon plus efficace. Sauf qu'il y a le problème de la jupe.

Un clip de Britney Spears

Contrairement à un règlement intérieur, même très strict, ou à un T-shirt de la honte, l'uniforme fait basculer dans un système de régulation des comportements très différents. Il devient un instrument majeur permettant de marginaliser les incessantes négociations conflictuelles. Car il impose un nouveau repère de l'ordre institutionnel de l'école, déplaçant et circonscrivant l'espace de la créativité individuelle.

Tout deviendrait donc plus facile avec l'uniforme, pour les responsables d'établissements, si la tenue unique était celle du masculin universel (tous en pantalon). Or la jupe reste le standard dans nombre de pays, et une option dans les autres. Elle n'est pas problématique parce que certaines adolescentes la raccourcissent après le passage du contrôle de la porte d'entrée de l'école, ce qui reste anecdotique, mais à cause d'un étonnant retournement subversif de son image.

À l'origine, la conception des uniformes scolaires féminins baigne dans une véritable éthique de la décence. En dehors de la socialisation institutionnelle, que les filles partagent avec les garçons, ils ont aussi pour elles cette vertu particulière. Éthos si profondément partagé qu'il enveloppe les corps d'une chape sociale d'invisibilité protégeant de toute impudeur.

Or c'est justement cette puissance vertueuse qui a déclenché son contraire, la provocation transgressive et sulfureuse d'une érotisation (flirtant avec la dérive pédophile) des tenues scolaires, ce que la professeure d'études féministes Meenakshi Gigi Durham a appelé « l'effet Lolita[17] ». Qui se répand dans plusieurs sphères culturelles. L'industrie du film pornographique, qui joue sur ce fétichisme particulier, n'est pas la plus importante, car sa sphère d'influence, sans être confidentielle, reste limitée, et parce qu'elle met en scène des femmes adultes. Ce qui est également le cas de la mode, qui produit cependant des effets plus ambigus touchant davantage de jeunes filles, en légitimant la transgression[18]. Mais ce n'est en rien comparable à ce que produit la pop culture, notamment certaines stars de la chanson, dans les mentalités : la connotation sexualisée de la (mini)jupe écossaise devient un phénomène iconique.

Ce détournement érotique de l'image de la vertu illustré par l'uniforme d'écolière remonte à loin, dès les années 1920[19]. Au Japon, il se répand dans les années 1950 et explose dans les deux décennies suivantes, touchant notamment les secteurs de la littérature jeunesse comme les mangas. Sharon Kinsella souligne la violence de certaines représentations, les « images extrêmes d'écolières séduites ou violées par des monstres ou des adultes[20] ». Le récit est empathique envers les héroïnes dépeintes comme des victimes, qui parviennent à se défaire des criminels ; les fétichistes pédophiles peuvent cependant avoir une tout autre lecture.

Loin de ces scènes d'horreur, les défilés de mode et les stars de la chanson jouent sur un autre registre, la simple suggestion. Mais elle produit des effets considérables quand le public touché est très large. Ce fut notamment le cas en 1998, quand la chanteuse américaine Britney Spears connut un succès mondial avec son titre *Baby One More Time*, l'un des plus vendus au monde. Le clip la met en scène en uniforme scolaire dans des poses très suggestives. « La popularité de Britney, vêtue en écolière dans le clip vidéo, enflamme l'imaginaire collectif et positionne la jeune starlette au centre de l'attention médiatique mondiale. *Baby One More Time* dépasse le simple statut de chanson pour devenir un véritable phénomène. Britney Spears, avec son image de jeune écolière innocente, capte l'attention du public adolescent et des médias. Le clip, tourné à Venice High School à Los Angeles, célèbre pour son apparition dans le film *Grease*, devient iconique. La vision initiale de Nigel Dick, le réalisateur, est modifiée par Britney elle-même, qui propose l'idée de l'uniforme scolaire, un choix déterminant pour l'impact visuel de la vidéo[21]. »

L'effet fut considérable dans les écoles du monde entier, les lycéennes cherchaient à se conformer à l'image de Britney Spears, effet démultiplié par le fait que d'autres stars de la pop répliquèrent le même schéma. Quand on interroge les écolières, elles reconnaissent l'existence d'une connotation sexuelle, en faisant le lien avec certaines images de stars[22], mais ajoutent qu'elles-mêmes y pensent peu ou pas du tout. Elles savent que leur idole a des poses suggestives et elles veulent l'imiter, mais pensent que leur imitation ne les transforme pas en objet sexuel. Même quand elles raccourcissent leur jupe, disent-elles, « c'est juste pour faire *style* ». Pour attirer les regards, certes, mais seulement vers leur beauté.

Les personnes qui regardent cependant, les hommes notamment, ne voient pas toujours la même chose.

Cachez tout ce corps que je ne saurais voir

Les transactions visuelles reposent sur un quiproquo fréquent : alors que les femmes pensent que leur image seule a déclenché l'accrochage d'un regard, les hommes ajoutent des considérations intimes plus charnelles[23]. Cette asymétrie qui a traversé les siècles a d'ailleurs été structurante de nombreuses modalités de la domination masculine. Jusqu'à une période récente, faisant suite au « processus de civilisation » analysé par Norbert Elias[24], pendant laquelle s'est développée une nouvelle culture de domestication des regards permettant (comme dans l'expérience esthétique ou lors de la visite chez le médecin) de regarder le nu sans voir la nudité[25].

Cette mutation majeure aurait été impossible sans le mouvement d'émancipation des femmes, qui ont imposé l'aisance gestuelle associée à leur liberté. Dans les sociétés où elles sont encore strictement assujetties, l'impossibilité de cette mutation des regards contraint à une police des comportements ; certaines parties du corps doivent être dissimulées (des cheveux au corps entier).

L'uniforme scolaire religieux est un instrument supplémentaire aux mains des autorités pour accentuer administrativement l'assujettissement des femmes. En Iran, Shaparak Shajarizadeh avait 6 ans quand le voile lui fut imposé à l'école. « Cela faisait partie de l'uniforme scolaire, c'était non négociable. » Année après année, les consignes vestimentaires se firent de plus en plus dures, comme l'apparition d'un nouveau hijab obligatoire, couvrant à la fois le cou et les cheveux[26]. En Tanzanie, pays multiconfessionnel, l'islamisation couvrante des corps féminins, qui se développait, entra en confrontation avec un système scolaire qui restait dominé par les chrétiens. Le premier président musulman du pays décida donc que les élèves musulmanes devaient rompre avec le code vestimentaire de leur école et être désormais voilées[27]. L'appartenance à leur religion primait sur l'appartenance à leur école.

L'uniforme scolaire peut aussi être utilisé de façon plus active dans le but d'intensifier le voilement des femmes dans l'ensemble de la société. J'ai déjà parlé du Queen Amina College au Nigeria, dans lequel les élèves musulmanes reçurent un nouvel uniforme, conforme à leur religion (composé d'un pantalon bouffant et d'une tunique à manches longues descendant jusqu'aux genoux). Un conflit sérieux opposa ces « guerrières d'Amina », telles qu'elles s'appelèrent, aux écolières chrétiennes en jupes et manches courtes. Le ministre de l'Éducation « prit alors prétexte de l'événement pour ordonner que les quarante et un collèges fédéraux du pays fournissent un deuxième uniforme, composé d'un pantalon, d'une chemise à manches longues et d'un foulard[28] ». Et ce n'était qu'un début, bientôt la mesure fut élargie à l'école primaire, s'imprégnant dans les mentalités et renforçant un modèle à l'usage de toutes les femmes musulmanes. Les célibataires, qui échappaient encore à l'obligation de porter un voile (contrairement aux femmes mariées), durent se soumettre à cette nouvelle injonction[29].

L'uniforme laïc conforme au « modèle anglais » (que l'on pourrait aussi appeler républicain si le pays d'origine n'était pas une royauté !) est très différent, voire opposé sur des points essentiels, à l'uniforme religieux. En ouvrant au savoir, fondé sur les apports de la science, il s'inscrit dans une logique d'émancipation individuelle, particulièrement importante pour les femmes. L'uniforme religieux non seulement les enferme dans un rôle subordonné, mais aussi les confine dans des bribes de savoir inféodées à une croyance fondamentale.

Le modèle anglais cependant peut être lui aussi instrumentalisé et devenir l'objet d'une dérive disciplinaire qui enferme les individus, biaise le savoir et borne la liberté. Notamment dans le sens d'un nationalisme guerrier. Une dérive qui vise principalement les garçons, conditionnés par des tenues qui imitent les uniformes militaires. Les uniformes islamistes au contraire visent les filles. Ils tendent à cacher leur corps, que l'on ne saurait voir. Chaque conversion extrémiste cible un genre particulier.

En France, aujourd'hui, c'est surtout le corps des filles qui cristallise les passions. L'apparition de quelques voiles dans l'école républicaine ouvre un questionnement qui va bien au-delà de l'exercice de la laïcité. Car le débat qui prend pour thème le vêtement des écolières est au croisement de plusieurs interrogations devenues cruciales à notre époque. La place de l'institution scolaire. Le rapport entre les genres. Les modalités d'une éventuelle régulation de l'autonomie dans la modernité tardive.

C'est donc sans surprise à partir du voile qu'a surgi le débat sur l'uniforme scolaire. Il n'allait pas tarder à évoluer vers d'autres questionnements.

PÉRIPÉTIES FRANÇAISES

Darcos se fait taper sur les doigts

En France, l'uniforme scolaire est apparu dans les débats depuis une vingtaine d'années. De façon sporadique, par bouffées successives, qui semblent à chaque fois ne pas laisser de traces. Comme le notait l'historien Claude Lelièvre, en janvier 2020 : « Le plus remarquable, c'est l'éternel retour de la question de l'uniforme à l'école dans le débat public depuis plus d'une quinzaine d'années sans qu'il y ait vraiment passages à l'acte[1]. » Cependant, ces soudains tumultes ont affiné peu à peu les arguments de la confrontation et installé les camps en présence.

Le récit convenu, souvent répété, veut que l'idée soit venue de l'extrême droite et ait été ensuite reprise par la droite[2] (justifiant ainsi que la gauche s'y oppose). La réalité est assez différente. D'abord parce que si l'on reprend l'histoire du Front national devenu Rassemblement national, on constate que le thème est resté marginal, pour ne pas dire inexistant, jusqu'en 2015 par de premières déclarations, puis en 2017 quand Marine Le Pen l'inscrivit dans son programme des élections présidentielles. Ensuite parce que les personnalités de droite qui ont été à l'origine de son émergence l'ont introduit d'une façon très personnelle, plus empirique qu'idéologique, n'illustrant pas vraiment la philosophie de la réaction conservatrice, comme le fera quelques années plus tard Philippe de Villiers. « En 2007, et pour la première fois dans un programme en vue des élections présidentielles, Philippe de Villiers préconise "le port obligatoire de l'uniforme à l'école et le drapeau tricolore hissé dans toutes les cours de récréation"[3]. »

Pas de drapeau, pas de port obligatoire, pour François Baroin, quand, en 2003, il remet au Premier ministre Jean-Pierre Raffarin un rapport sur la laïcité avec une proposition concernant l'uniforme scolaire : « Cette mesure pourrait être décidée par le conseil d'administration de l'établissement afin de marquer une rupture avec les phénomènes communautaristes, la pression du consumérisme (rôle des marques) et le développement des inégalités[4]. » Ce que l'on peut considérer comme étant l'acte de naissance du débat, inscrit dans la défense de la laïcité, s'annonçait sous l'angle du pragmatisme, sans même qu'il soit question d'ordre ou de discipline.

Le rapport Baroin avait été rédigé au printemps. À l'automne de la même année 2023, le ministre délégué à l'Enseignement scolaire, Xavier Darcos, interrogé par le journal *Le Parisien*, répond à la question qui lui est posée : « Vous prônez un retour à l'uniforme ? » D'abord avec beaucoup de prudence. « Non. Je trouve que le sujet mérite d'être débattu. » Puis ajoutant une simple suggestion. « Je me demande si une tenue, comme un grand tee-shirt siglé d'un slogan, rappelant à chaque élève qu'il est en classe et non dans la rue, ne pourrait pas être une solution dans certains cas, comme je l'ai vu aux Antilles[5]. » L'envie de proposer cette idée lui était venue de ce qu'il avait observé aux Antilles, en Angleterre, au Canada. Il n'imaginait pas qu'il allait déclencher une (petite) tempête. Non pas tant de l'opposition ou des syndicats enseignants qui pensent qu'il ne s'agit là que d'une élucubration fantaisiste, ne méritant même pas d'être débattue. « J'ai du mal à penser que c'est une proposition sérieuse[6] », déclare ainsi une responsable syndicale. « Mais la critique la plus dure pour Xavier Darcos est venue de Luc Ferry, son ministre de tutelle pour qui, “le port de l'uniforme n'est plus possible”[7]. » Comme les syndicats, il ne peut imaginer que cette idée soit autre chose qu'une incongruité anachronique. Une ineptie digne d'un mauvais élève.

C'était ignorer un fait nouveau. Il faut bien entendre cette réponse d'une responsable de la Fédération des parents d'élèves de l'enseignement public : « L'idée est dans l'air, mais plus sous forme de boutade qu'autre chose[8]. » Une boutade certes, que personne ou presque ne prenait au sérieux. L'idée cependant, désormais, était bel et bien dans l'air. Par une simple phrase lancée à la volée dans une interview, le ministre avait allumé la mèche. Celle du questionnement sur l'uniforme scolaire. Il n'y aurait plus de retour en arrière.

Après Charlie

Passé la surprise et les sourires narquois, les années qui suivirent furent marquées par une progressive prise en compte de la recevabilité de la question. À gauche pour s'y opposer. À droite pour s'y engager. Le débat commençait à s'installer.

C'est à nouveau Xavier Darcos, désormais ministre de plein exercice de l'Éducation nationale, qui, à l'issue d'un voyage au Royaume-Uni en 2009, relança la proposition. De façon modeste : expérimenter un T-shirt ou une « tenue comparable ». Et selon une méthode discrètement incitative : « Il n'y aura ni décret ni circulaire. Mais si un directeur, un principal ou un proviseur juge bon de le faire, le ministre ne s'y opposera pas[9]. » Déclaration un peu vide puisqu'un directeur d'école pouvait très bien le faire auparavant. Mais l'important était d'inscrire la thématique dans les mentalités.

Car la droite conservatrice prit alors conscience qu'il y avait sans doute là quelque chose qui n'était pas anecdotique et qui méritait qu'on s'en empare. Philippe de Villiers développe ses propositions déjà faites depuis plusieurs années, avec drapeau et *Marseillaise*. En 2011, le programme présidentiel de Nicolas Sarkozy avance l'idée plus souple d'un « vêtement commun » à l'école. Idée reprise par le Premier ministre, François Fillon, qui soutient une proposition de loi en ce sens. « Mais rien ne se passe en fait à ce sujet jusqu'en mai 2012, date à laquelle François Fillon doit céder sa place[10]. » Ce qui ne l'empêchera pas de se prononcer, dès l'année suivante, alors qu'il n'était plus en fonction, en faveur de l'uniforme scolaire.

Un aspect caractéristique du débat commençait à se révéler, sous la forme d'une suite de déclarations incantatoires sans retombées pratiques. Forme qui s'explique par une double prise de conscience des protagonistes. La première fut celle non seulement du sérieux de la question, mais aussi du soutien de l'uniforme scolaire dans l'opinion ; les premiers sondages le révélaient nettement. La seconde au contraire d'une forte résistance semblant se manifester à mesure que des propositions étaient faites. Une résistance provenant de la gauche, ce qui n'était pas une surprise, mais aussi des intellectuels, des médias, et surtout des établissements scolaires eux-mêmes. Alors que l'on attendait que ce soient eux qui se portent volontaires. La situation était bloquée.

La conjonction de la normalisation du thème (discrètement soutenu par l'opinion) et de l'absence d'avancées eut pour effet de mobiliser ses plus chauds partisans, de plus en plus convaincus, sur une ligne très clairement conservatrice. Le clivage politique entre partisans et adversaires de l'uniforme scolaire s'accentuait. Après les attentats de Charlie Hebdo, qui provoquèrent une vive émotion dans tout le pays, une quarantaine de députés transféra son désir de lutte contre l'islamisme vers une proposition de loi en faveur de l'uniforme scolaire. Elle soulignait dans son préambule le caractère inadmissible des « réactions d'élèves dans certains établissements à la suite des attaques terroristes des 7, 8 et 9 janvier 2015[11]. » À l'initiative de Bernard Debré qui, un peu comme Philippe de Villiers, s'était déjà engagé dans ce combat depuis quelques années, et avait déposé, le 21 janvier 2015, un texte radicalement à droite (signé notamment par Nicolas Dupont-Aignan, Éric Ciotti ou Thierry Mariani). Il y préconisait d'associer l'uniforme à l'hymne et au drapeau, mais surtout de le rendre obligatoire dans le premier et le second degré (les établissements n'ayant la possibilité que de choisir le style).

L'uniforme n'avait plus rien d'une boutade, personne désormais ne songeait à rire. Les débats à l'Assemblée furent électriques, mais vains, car une nouvelle fois il n'y eut aucune retombée pratique. L'idée de rendre l'uniforme obligatoire était vue comme une atteinte insupportable aux libertés et déchaîna les oppositions, notamment dans les établissements scolaires. Elle fut pourtant reprise par le Rassemblement national. Le 16 janvier 2015, Marine Le Pen réagissait, elle aussi, aux attentats de Charlie Hebdo en déclarant : « Je demande un symbole fort pour rappeler à chacun que nous sommes tous Français, le rétablissement de l'uniforme dans le public comme dans le privé, pour tous[12]. » En décembre 2022, les députés du Rassemblement national présentaient à leur tour un projet de loi rendant l'uniforme scolaire obligatoire[13], lui aussi rejeté.

Objectif et méthode

L'effervescence de l'après-Charlie installa l'uniforme au centre de débats passionnés, mais aussi provoqua une redistribution des forces dans le camp de ses adeptes. Le Rassemblement national avait soudain rattrapé son retard et ambitionnait même de ravir le leadership. Cela devenait son affaire, et l'uniforme était clairement inscrit dans son programme. Chacun y allait de sa surenchère à droite. Quelques années plus tard, alors qu'il pensait pouvoir doubler le RN dans l'extrémisme, Éric Zemmour déclara qu'il était bien sûr favorable à l'uniforme, mais qu'il fallait aller « plus loin », en le généralisant dans tous les établissements scolaires et en veillant à ce que cette mesure soit appliquée[14].

L'ascension de Zemmour fut éphémère et le RN entra dans un processus de « dédiabolisation » l'incitant à modérer ses propos. C'est ainsi que se forma un bloc idéologique assez cohérent allant de la droite traditionaliste à l'extrême droite populiste autour de l'uniforme scolaire. Bien illustré par une énième proposition de loi, déposée par Éric Ciotti en 2022, visant à « mettre un coup d'arrêt à l'entrée du communautarisme dans nos établissements d'enseignement, en prévoyant le port obligatoire d'une tenue uniforme pour chaque élève[15] ». Proposition de loi rejetée, elle aussi.

Trois éléments fondent ce bloc idéologique. D'abord la volonté de combattre l'islamisme et le communautarisme, volonté qui cache mal parfois un désir de revanche d'une francité fantasmée contre la présence de la religion musulmane. Ensuite un sous-texte, lui aussi peu explicité, où les quelques mots mis en avant (« ordre », « discipline ») pourraient suggérer le souhait d'un encadrement plus marqué des populations. Enfin une méthode claire et nette : une loi s'imposant à tous avec un caractère obligatoire. L'ordre viendrait d'en haut, et l'affaire ainsi serait enfin réglée.

Entre ce bloc idéologique et l'opposition, qui se renforcent mutuellement par leur radicalité et bloquent la situation, quelques voix s'interrogent sur un chemin plus pragmatique, en dehors des positions de principe, attentives aux réalités du terrain. Nous avons vu par exemple comment François Baroin ou Xavier Darcos se questionnaient sur les leçons à tirer des expériences étrangères ou mettaient en avant les éléments pratiques habituels comme la guerre des marques, concluant que la décision ne pouvait venir que des établissements scolaires eux-mêmes. Cette esquisse d'une troisième voie entre la radicalité et l'opposition à l'uniforme se caractérise également par le flottement balbutiant de l'arrière-plan philosophique. Quelque chose d'autre est manifestement recherché, qui a cependant du mal à être précisé. Un sentiment d'appartenance ? Mais à quelle entité ? Un climat des écoles ? Mais pour quelle éthique ? Une réhabilitation de l'institution scolaire ? Mais sous quelle forme ?

Le nouveau ministre de l'Éducation en 2017, Jean-Michel Blanquer, s'inscrit à sa manière dans cette troisième voie. Même si l'historien Claude Lelièvre dénonce sa « dérive réactionnaire », en se fondant sur le fait qu'il invoque, pour la restaurer, une école républicaine fantasmée, ne correspondant pas à la réalité précise de ce qu'elle fut au XIXe siècle[16]. Les propositions de Jean-Michel Blanquer sont empreintes d'une nostalgie pour l'éthique du respect et du désir d'apprendre des écoles d'autrefois qui le poussent à réintroduire certains principes d'autorité.

Mais ce qu'il dit de l'uniforme scolaire est très distinct du bloc idéologique radical. Ancien recteur de Guyane, il part du constat de sa banalité en outre-mer. Et précise d'emblée qu'il ne s'agit pas de l'imposer de façon obligatoire. « Ce que l'on doit faire, c'est permettre aux établissements qui le veulent de le développer », sans viser une généralisation. « Il ne faut certainement pas obliger tout le monde à le porter[17]. » Au contraire, l'accord des parents et des enseignants est le point de départ incontournable. « Ça ne peut marcher que s'il y a un certain consensus local ou en tout cas une forte majorité pour le souhaiter[18]. » Ce qui le pousse à refuser d'en faire un sujet national[19]. Les retombées pratiques seront donc très limitées : à Provins, six établissements élémentaires décident d'une instauration de l'uniforme en 2018.

Pas-à-pas

En décembre 2020, trois députés macronistes déposent à leur tour une proposition de loi « pour le port de l'uniforme à l'école[20] ». Dans ses considérations, elle détaille un argumentaire précis sur les dérives vestimentaires individuelles, la difficulté grandissante du contrôle par les règlements intérieurs, et souligne la nécessité du respect de l'école en tant qu'institution de la République. Très représentative de la troisième voie qui se cherche, elle débouche cependant sur cet article unique : « À compter de la première année d'école élémentaire, jusqu'à la dernière année de collège, l'élève doit obligatoirement porter un uniforme scolaire au sein de son établissement. » Une seule loi, pour tous, obligatoire. Elle fut donc, comme les autres, rejetée.

L'idée n'en continuait pas moins à faire son chemin. Un groupe de travail consacré à l'uniforme fut constitué à l'Assemblée nationale, rassemblant des députés de la majorité. Quant à l'épouse du chef de l'État, elle manifestait son intérêt personnel pour le sujet. Interrogée par des lecteurs du journal *Le Parisien* le 11 janvier 2023, elle déclara : « J'ai porté l'uniforme comme élève : quinze ans de jupette bleu marine, pull bleu marine. Et je l'ai bien vécu. » Loin de tout positionnement idéologique de principe, partant de son témoignage personnel, elle abordait la question de façon concrète, « par le bas ». Ce qui ne l'empêchait pas de conclure : « Donc je suis pour le port de l'uniforme à l'école[21]. » Cette simple phrase, lancée à la volée, allait déclencher plus de réactions que toutes les discussions à l'Assemblée nationale.

Il faut dire que le lendemain, le Rassemblement national défendait une nouvelle proposition de loi sur l'uniforme, coïncidence que ne manqua pas de remarquer Marine Le Pen, qui salua « l'accord de Madame Macron[22] ». Le retentissement médiatique fut considérable, y compris à l'étranger. « La femme d'Emmanuel Macron a mis les pieds… ou plutôt les boutons, les cravates et les jupes plissées dans le plat », s'amusa le quotidien suisse *Blick*[23]. Un accord entre le centre et le national-populisme ? C'était impensable. Il fallait d'urgence creuser les spécificités de la troisième voie.

Le débat s'engagea entre sensibilités diverses. Gabriel Attal, ministre des Comptes publics, se prononça avec prudence, soulignant surtout la nécessité de respecter l'autonomie des établissements. « Je pense que ça fait partie des sujets qui pourraient donner lieu à des expérimentations[24]. » Le nouveau ministre de l'Éducation, Pap Ndiaye, ferma aussitôt la porte, affirmant ne pas vouloir « ouvrir ce débat, en tout cas à l'échelle nationale[25] ». Mais « les propos d'une première dame valent-ils plus que ceux d'un ministre ? », s'interrogea un journaliste[26]. Car ce coup de frein ministériel n'empêcha pas l'idée de continuer à se propager. Le groupe de quinze députés qui travaillaient sur la question pensa à une expérimentation à l'échelle d'un département. « À partir du moment où 63 % des Français sont favorables à l'uniforme [sondage BVA/RTL publié en 2020, ndlr] il est important qu'on en discute entre nous, explique Charles Rodwell, député des Yvelines. Pour l'instant, notre objectif est de susciter un débat en interne et d'arrêter une position commune[27] ». Ils sont fermement soutenus par Sonia Backès, secrétaire d'État à la Citoyenneté et présidente de la province Sud de Nouvelle-Calédonie, où l'uniforme scolaire est obligatoire depuis 2017. « Et ça marche, vante-t-elle à tous ses interlocuteurs[28]. »

Un uniforme en quête de sens

Entre ces divergences et frottements divers, commençait à se dessiner une ligne d'action. L'important était de se distinguer résolument du Rassemblement national. Il fallait en finir avec l'idée d'une loi à portée générale, en finir avec l'uniforme obligatoire, ainsi qu'avec les connotations trop pesantes évoquant l'ordre et la discipline. Il était nécessaire de privilégier l'autonomie des établissements. De suggérer, sans contraindre. Il était nécessaire aussi de donner une image moins traditionaliste de l'uniforme, plus concrète, plus actuelle, plus souple. D'où l'idée, pour commencer, de ne plus l'appeler uniforme, mais plutôt « tenue unique » proposèrent certains, « tenue commune » renchérirent d'autres. Va donc désormais pour la tenue commune.

Le glissement du terme a une double conséquence. Il a d'abord un effet strictement linguistique, en symbolisant une rupture avec l'uniforme disciplinaire du Rassemblement national. Mais il correspond aussi à une légère évolution du contenu, avec l'idée d'un vêtement au style actuel, décidé par les mairies et les établissements, en concertation avec les parents, et peut-être les élèves eux-mêmes. Ce qui ouvre la voie à des formules peu contraignantes. À Balma, en Haute-Garonne, par exemple, dont les écoles se sont portées volontaires pour l'expérimentation à la rentrée 2024, l'« uniforme » se résume à une série de polos blancs, d'hiver et d'été, les mêmes pour les garçons et les filles. À cela s'ajoute simplement la consigne de choisir un bas de couleur bleu marine, quel qu'il soit (selon le code classique de la « tenue correcte »). Aucune instruction pour les chaussures. Le maire de la commune s'estime satisfait de ce compromis, « cela assurera quand même l'unité de couleurs, et [permettra] d'obtenir l'effet escompté[29] ».

L'effet escompté, telle est la question.

Autant les aspects pratiques de cet autre uniforme (ou plutôt donc, de cette tenue commune) et la méthodologie d'expérimentation commençaient à se dessiner, autant l'arrière-plan éthique, ce qui était vraiment recherché, restait assez flou. Les arguments habituels étaient avancés, dans le désordre, sans hiérarchie. Il manquait à l'évidence quelque chose, qui expliquerait l'irrésistible poussée du désir d'uniforme alors que la mise en pratique s'avérait si difficile.

Le président Emmanuel Macron aborda le sujet lors d'une conférence de presse le mardi 16 janvier 2024. Dans son style habituel, il lança quelques formules, dans une logique évidente de communication, mais qui avaient malgré tout le mérite d'esquisser des éléments intéressants. Moins d'ailleurs concernant l'uniforme lui-même qu'à propos de l'instruction civique ou des cérémonies de remise de diplômes, « un rite républicain d'unité, de fierté et de reconnaissance », dans une école ayant pour but de « faire des républicains en même temps que transmettre des savoirs[30] ».

En parallèle, la mise en pratique continuait son chemin. Dès septembre 2023, le ministre de l'Éducation, Gabriel Attal, annonçait une prochaine expérimentation. Sans enthousiasme excessif, il ajouta être « partagé sur la question de l'uniforme » et « pas encore convaincu que c'est une solution qui permettrait de tout régler »[31]. Mais pleinement d'accord sur la méthode de l'expérimentation, à partir d'une centaine d'écoles volontaires. Les sondages qui montraient une droitisation continue de l'opinion l'avaient convaincu d'aller dans le sens de l'uniforme, de même que sa fermeté contre l'abaya s'était révélée payante. Le 18 avril 2024, devenu Premier ministre, il appelait à un « sursaut d'autorité » dans une « République qui contre-attaque[32] », plaçant l'école au centre de ce dispositif. À défaut de mieux définir les contenus de la troisième voie, parler d'ordre et de discipline, parler d'uniforme (ou de tenue commune), était bien vu par l'opinion, et c'est cela qui comptait. Tant pis pour la différenciation avec la vision conservatrice. Et pour la concrétisation de cette politique, on verrait plus tard.

UNE OCCASION RATÉE ?

L'expérimentation

Pour le moment, un dispositif était mis en place après un appel à candidature, les écoles volontaires furent sélectionnées. Elles décident du style de la tenue commune, qui est gratuite pour les familles, et inscrivent son port obligatoire dans leur règlement intérieur. À l'issue de l'expérimentation, l'uniforme pourrait être généralisé en 2026 (c'est du moins ce qui est décrit dans la déclaration d'intention). L'évaluation sera donc cruciale. Elle devrait être conduite par deux instances. Un « comité de pilotage », composé du recteur, des conseils départementaux et régionaux, du maire de la commune impliquée, des directeurs d'école, représentants des élèves, des parents d'élève, des enseignants, comité qui, sans être chargé de la synthèse des évaluations, aura une bonne connaissance des effets sur le terrain. Et un « comité de suivi » qui lancera un appel d'offres pour que soient menées des études scientifiques.

Tout est donc misé sur l'évaluation, censée délivrer enfin un avis positif, sanctifié par la science. Car il faut bien le dire, dans les rangs disparates de la troisième voie, la motivation est très inégale, et ne reprend un peu d'élan qu'en se rapprochant de la demande d'ordre et de discipline. Le seul vrai moteur vient des sondages qui, régulièrement, les uns après les autres, montrent un soutien très net à l'uniforme scolaire. Alors que, dans l'air du temps médiatique, il est régulièrement vilipendé : qu'importe ce mystère, seuls comptent les chiffres mesurant l'opinion.

Quelques chiffres justement, provenant de cinq sondages différents. Dont les résultats sont à prendre avec prudence, notamment parce que plusieurs ont été commandés par des acteurs affirmant leur parti pris vis-à-vis de l'uniforme. Il n'est pas toujours simple par ailleurs de les comparer pour mettre en évidence des évolutions, les méthodologies et les questions posées ayant toujours leurs spécificités. À l'inverse, cette diversité d'approches conforte les régularités transversales, et elles sont relativement claires ici. En 2015, dans un sondage IFOP pour *Valeurs actuelles,* 57 % des personnes se prononcent en faveur de l'uniforme, 43 % contre[1]. En 2016, dans un sondage BVA pour la presse régionale, 65 % sont pour, 34 % contre[2]. En 2017, dans un autre sondage IFOP, pour *Valeurs actuelles*, 63 % sont pour, 37 % contre[3]. En 2020, dans un sondage BVA RTL-Orange, 63 % sont pour, 36 % contre[4]. En 2023, dans un sondage YouGov pour le *Huffpost*, 68 % sont pour, 27 % contre[5].

Quels enseignements retirer de ces chiffres ? Peut-être une légère évolution positive, mais celle-ci reste à confirmer, et pourrait un peu se retourner si les critiques de l'uniforme montaient en intensité. Par contre une remarquable stabilité soulignant une majorité non moins remarquable : près de deux Français sur trois se déclarent favorables à l'uniforme scolaire (à noter de plus que c'est bien ce terme et non « tenue commune » qui était employé dans les sondages). Dans le détail on remarque que les seniors et les électeurs de droite sont davantage favorables, ce qui n'est pas une surprise. Mais les jeunes ne sont pas massivement contre, et se prononcent favorablement dès qu'ils ont des enfants. On remarque par ailleurs que même chez les sympathisants du PS, de la France insoumise ou des Écologistes, une légère majorité se dit favorable à l'uniforme (jusqu'à 62 % chez les sympathisants écologistes)[6]. Dans les profondeurs de l'opinion silencieuse, le clivage est moins marqué que dans les débats publics, l'ordre et la discipline ne sont pas les seules valeurs qui poussent à se prononcer en faveur de l'uniforme.

Les acteurs en présence

La méthode choisie, celle de l'expérimentation, place les acteurs locaux en position cruciale. Tout dépend d'eux désormais. Les premiers concernés sont les maires des communes abritant les écoles volontaires, parce qu'ils se sentaient particulièrement concernés par l'uniforme scolaire et ont été à l'origine des candidatures. Avant même que l'opération soit lancée, certains ont ouvert des consultations auprès des parents, pour constater qu'ils avaient bien leur soutien. Mais ensuite, l'essentiel doit se dérouler dans une instance particulière, le conseil d'école, qui valide la candidature. Conseil regroupant des représentants de la commune, de la direction de l'établissement, des enseignants, des parents, et dans certains cas des élèves.

Or très vite des clivages vont apparaître entre ces différents groupes, parfois liés à des spécificités locales, mais se reproduisant avec une telle régularité qu'il est possible de généraliser. Les maires, favorables puisqu'ils étaient moteurs dans le projet, se retrouvent souvent en accord avec les directions des écoles candidates, et obtiennent un soutien, plus ou moins marqué, des parents, ou du moins d'une partie des parents. Mais les enseignants et leurs syndicats, au début très réticents, car considérant ce sujet comme dérisoire comparé aux problèmes que l'école doit affronter, refusèrent ensuite de plus en plus de se laisser embarquer dans cette aventure qui n'était pas la leur. En intensifiant progressivement leur opposition, ils parvinrent à entraîner certaines directions d'école et une partie des parents.

Dans la petite ville de Marck, en avril 2024, le conseil communal souhaite expérimenter la tenue commune dans ses cinq écoles. Les parents, consultés, se prononcent pour dans quatre écoles. Mais dans trois de ces établissements, les enseignants ont convaincu le conseil d'école de voter contre. Une seule école est donc entrée dans l'expérimentation[7]. À Coubron, en Seine-Saint-Denis, le maire voulait tester l'uniforme. « Ce sera une simple blouse que les élèves enfileront par-dessus leurs habits en entrant en classe et laisseront le soir à l'école. Désormais, les enfants seront tous pareils. Cela renforcera l'esprit d'équipe, la cohésion et permettra de lutter contre l'individualisme ambiant. Est-ce qu'on imaginerait les joueurs de l'équipe de France de football avoir des maillots différents[8] ? » Consultés, les parents se disent favorables à 65,38 %. Le conseil d'une des deux écoles de la commune vote pour, mais pas celui de la seconde. Les enseignants siégeant au conseil ont réussi à le convaincre de refuser. « Rien n'oblige les professeurs à suivre l'avis des parents, rappelle la cosecrétaire départementale du syndicat SNUipp-FSU 93. En Seine-Saint-Denis, nous sommes nombreux à penser que cette réforme ne va pas améliorer nos conditions de travail et les difficultés que traverse l'école aujourd'hui[9]. »

Les enseignants, seuls, sont en mesure de bloquer l'expérimentation dans une école. C'est d'ailleurs ce qui s'est produit à Aubervilliers en mars 2024. Deux écoles étaient pressenties par la mairie pour participer à l'expérimentation. Sans même qu'il y ait convocation du conseil d'école, les équipes pédagogiques se sont réunies, pour dire non à l'uniforme. « C'est non, à une majorité écrasante, confirme une professeure. La plupart des arguments qui sont revenus, c'est qu'il ne s'agit pas d'une priorité. Aubervilliers est l'une des villes les plus pauvres de France, en métropole. Il y a bien plus important qu'une petite collerette enfilée par les enfants le matin pour aller à l'école[10]. » Inutile de perdre du temps pour une telle futilité, inutile de réunir le conseil d'école. Dans un tract, le syndicat Sud justifie sa position : « Les deux équipes ont décidé de s'opposer au port de l'uniforme dans leurs écoles, mettant fin à une possible expérimentation dans la ville[11]. » Les enseignants seuls ont tranché.

Le silence et les cris

Il faut comprendre les enseignants. Leur métier, déjà difficile, l'est rendu encore davantage par l'autonomisation grandissante des enfants. Tout cela dans un contexte de faible reconnaissance et d'un manque de moyens. Quand ils disent qu'il y a des problèmes plus urgents que l'uniforme, c'est tout à fait logique et légitime. Ce constat cependant peut les pousser à s'enfermer dans une évidence qui les rend insensibles à un questionnement plus large.

Leur argumentaire est presque toujours le même. Passé le temps du dédain ironique pour ce qui leur semble être un non-sujet, ils mettent en avant la question financière, qui est effectivement majeure : la prise en charge par l'État et les municipalités représente un coût élevé, à l'heure où les restrictions budgétaires conduisent à des suppressions de postes, il faut donc selon eux rétablir les priorités.

Mais cet argument, pourtant très solide, n'est pas ce qui les motive le plus, ce qui les pousse à s'opposer de façon passionnée. Cela, il faut le rechercher dans les convictions politiques, qui remuent davantage les profondeurs émotionnelles. Dans un communiqué, le syndicat SNUipp 85 titre sur « l'uniforme marqueur idéologique fort », emblème d'une « vision conservatrice, passéiste » de l'école[12]. Il est et ne peut être que de droite et d'extrême droite. D'ailleurs localement, ce sont la plupart du temps des maires ayant ce positionnement politique qui ont lancé la candidature des écoles, crispant ainsi les syndicats avec lesquels ils étaient déjà souvent en conflit. Les clans sont si clairement opposés que toute argumentation est superfétatoire, elle ne vient qu'après, quand des explications sont demandées.

À Metz, le maire, qui a été à l'initiative, ne pensait sans doute pas qu'un vent contraire allait se lever étant donné que l'accord semblait presque unanime. « Nous avons une soixantaine d'écoles éventuellement candidates, pour lesquelles il y avait consensus entre la direction, les enseignants et les parents d'élève[13]. » Six écoles sont sélectionnées (la municipalité ne pouvant en financer davantage). Une consultation menée auprès des parents montre un soutien très large (allant même jusqu'à 82 % et 93 % dans deux écoles)[14]. Particularité : à Metz les enseignants sont plutôt partie prenante (seuls quelques syndicats se prononcent discrètement contre). La contestation va venir d'un « collectif de parents » se disant apolitique (en fait soutenu par La France insoumise[15]) qui lance une mobilisation militante, avec campagne de tracts, pétition (« Stop uniforme Metz ! »), lui permettant d'alerter les médias. Ceux-ci couvrent généreusement les protestations (qui sont vives mais regroupent en fait peu de personnes). Opération réussie : l'expérimentation messine, qui semblait très consensuelle, se retrouve sur la défensive, sommée de se justifier. Dans l'émission *Quotidien* animée par Yann Barthès, le style du polo choisi pour habiller les enfants est moqué[16]. On rit en plateau. L'uniforme n'est plus seulement un insupportable instrument de la droite, il est ridicule.

Un tel schéma va se reproduire dans la plupart des écoles candidates. Il révèle une division en deux de l'opinion, qui ne se mesure pas uniquement avec des pourcentages. Les sondages nationaux soulignent qu'une majorité est en faveur de l'uniforme ; localement, les consultations effectuées auprès des parents impliqués dans l'expérimentation indiquent une majorité encore plus nette. Mais il s'agit là d'une majorité silencieuse. Ce terme est entré dans le langage courant, et il est souvent, lui aussi, moqué. Il traduit pourtant une réalité. Ces personnes qui sont favorables à l'uniforme l'expriment peu, parce que c'est une simple conviction, peu argumentée, une sorte d'évidence intime. Et parce qu'ils ne participent guère à des groupes militants, qui prennent la parole (et la prennent parfois très fort) sur des sujets de société divers.

L'autre partie de l'opinion, opposée à l'uniforme, part d'une base plus réduite dans les sondages nationaux. Mais un petit groupe très déterminé peut planter le drapeau d'une contre-offensive, et, par quelques déclarations tonitruantes et manifestations, réussir à attirer l'attention des médias. Dès lors, tout va se jouer ici, dans l'amplificateur médiatique. La circulation en boucle de la prise de position hostile à l'uniforme, sur les réseaux sociaux et les médias ayant pignon sur rue, peut constituer un effet haut-parleur, qui donne l'impression d'une opinion largement majoritaire. La critique de l'uniforme s'est banalisée à l'avant-scène, elle structure la doxa. Pourquoi les médias acceptent-ils d'être les opérateurs d'un tel basculement de l'opinion, contre la majorité silencieuse ? Pour une raison très simple. Les journalistes sont une catégorie socioculturelle particulière, imprégnée d'une vision du monde spécifique, ce qui est logique. Ils doivent faire effort contre cette vision pour parler au nom de la société tout entière. Effort difficile, qui n'est pas toujours ou pas souvent effectué. Or cette catégorie, très marquée par l'éthique de la liberté, est celle qui est la plus hostile à l'uniforme. Peu sensible aux votes silencieux en faveur de celui-ci (elle doit se forcer pour décoder ce qu'ils veulent dire), elle réagit immédiatement dès que fuse un cri de contestation.

À Neuilly-sur-Marne, le maire avait annoncé vouloir participer à l'expérimentation, dans quatre écoles, après consultation des parents. Ceux-ci votèrent en nombre (74,4 % de participation), pour l'uniforme[17]. Avant même ces votes cependant, un « Comité de défense de l'école publique » s'était mis en place, impulsé par le député de La France insoumise Thomas Portes, comité qui multiplia les manifestations, avec peu de personnes, mais très démonstratives[18]. Cette pression permit de faire reculer un des quatre conseils d'école, poussant ainsi l'établissement à se retirer de l'expérimentation (malgré le vote positif des parents). Ce qui permit à Thomas Portes de titrer ainsi un communiqué de victoire : « Uniforme scolaire : la lubie réactionnaire du maire rejetée massivement par l'école Amiard de Neuilly-sur-Marne[19]. » Il n'y avait aucun rejet massif en vérité (excepté à l'intérieur du conseil d'école), l'agitation militante n'avait pas réussi à retourner l'opinion. (Pas encore ?)

Il en alla un peu autrement pour l'école Crozon, à Roanne. Le schéma au début était le même : un maire favorable, une consultation des parents positive, un « comité de parents » au contraire qui s'insurge, lance une pétition[20], accroche des banderoles de protestation aux grilles de l'école[21]. Un conseil d'école qui se déchire et qui, à sa deuxième réunion ne vote plus qu'à une très faible majorité en faveur de l'uniforme. Mais ces quelques mois de conflits ont épuisé les tenants de l'expérimentation, devenue fragile. Il suffirait d'un rien pour penser à un abandon. Un abandon d'ailleurs qui a été effectif pour une quinzaine d'écoles initialement candidates, avant même que l'expérimentation ne commence. J'ai déjà parlé d'Aubervilliers, où ce sont les enseignants seuls qui ont mis fin à l'opération. À Beauvais, l'établissement avait eu l'idée de demander leur avis aux lycéens, groupe le plus rétif de tous, ce qui condamnait d'avance l'expérience. À Plouisy, le comité d'opposants avait rapidement fait plier le maire.

Comme le gouvernement, les maires qui, sur la foi des sondages, s'étaient lancés dans l'aventure, pensaient avoir le soutien de l'opinion. Or celui-ci, bien que réel, restait silencieux et peu agissant. Au contraire, des groupes contestataires (syndicats enseignants, opposants politiques) se mobilisaient et parlaient fort, imprimant un narratif hostile dans les médias. L'uniforme scolaire, qui avait bénéficié d'un léger élan lors de l'annonce de l'expérimentation, se retrouvait englué dans un mélange d'indifférence et de critiques. D'autant que les ministres de l'Éducation qui se succédèrent à haute fréquence (après Pap Ndiaye et Gabriel Attal : Amélie Oudéa-Castéra, Nicole Belloubet, Anne Genetet et Élisabeth Borne) en ces temps de confusion institutionnelle, avaient laissé glisser ce dossier en bas de la pile. De plus, la mise en pratique, outre les conflits, s'avérait épuisante du point de vue administratif, dévoreuse d'énergie. « Nous pensions que ça serait beaucoup plus simple la mise en place de cette tenue vestimentaire commune, confie un élu. Il fallait être très motivé. Il y a d'autres maires qui, au départ, étaient plutôt partants pour cette expérimentation. Quand ils ont vu la complexité du dispositif, ils ont reculé[22]. » Mille problèmes concrets (quel style choisir ? comment combiner le *made in France* et un coût modéré ?) étaient par ailleurs à résoudre. Alors qu'elles auraient eu besoin d'un fort soutien, les écoles candidates se retrouvaient abandonnées. Il ne leur restait que leur motivation inébranlable pour poursuivre l'expérience.

Au ministère, le dossier avait glissé si bas en dessous de la pile qu'il semblait avoir été perdu. Les municipalités candidates, stressées et inquiètes, n'obtenaient plus de réponses à leurs demandes d'informations. Dans le tohu-bohu des changements de gouvernement, un nouvel impératif était inscrit en lettres rouges : les restrictions budgétaires. Il fallait trouver où couper des dépenses, telle était la priorité. C'est ainsi qu'en début d'année 2025, on apprit subrepticement qu'une « ligne avait sauté » dans les livres comptables des profondeurs administratives[23]. Et que donc le soutien financier de l'État avait disparu pour la seconde année d'expérimentation prévue. Les équipes qui s'étaient lancées dans l'aventure se sentirent trahies, abandonnées.

Aussitôt, des élus locaux haussèrent le ton, se révoltèrent, menacèrent de tout arrêter. « Ce n'est pas sérieux. On se sent trompé, comme dans un couple. C'est pourquoi j'ai dit que l'État nous a cocufiés[24] », s'exclama le maire de Balma, près de Toulouse. L'État pourrait-il saborder une expérimentation qu'il avait lui-même lancée ? L'effet aurait pu être désastreux. Rapidement, en quelques heures seulement, le ministère de l'Éducation réagit pour éteindre l'incendie. Mais il le fit discrètement, par un simple communiqué technique – et alambiqué : « Les crédits pour l'année 2025-2026 n'ayant pas été prévus dans la construction initiale du budget 2025, le ministère s'engage à procéder à un redéploiement de crédits sur le budget 2025 afin de financer la poursuite de l'expérimentation pour l'année scolaire 2025-2026[25]. »

Cahin-caha, l'expérimentation suit donc son cours, ballotée entre forces qui poussent au désengagement de l'État et quelques acteurs locaux qui résistent, convaincus des effets positifs constatés sur le terrain (comme à Denain, dans une mairie PS, une exception[26]). Dans cette sorte de combat entre pot de fer et pot de terre, les évaluations, si elles se déroulent dans de bonnes conditions, pourraient laisser une chance à l'uniforme, lui offrir la possibilité de révéler tout ce qu'il a à dire sur les nouvelles exigences de notre époque.

CONCLUSION

Le sociologue américain Robert Merton a détaillé le mécanisme de ce qu'il appelle une prophétie autoréalisatrice, quand les agents d'une action, en répétant inlassablement leur conviction, même si elle est fausse, finissent par l'inscrire dans la réalité et faire qu'elle devienne vraie[1]. C'est ce qui s'est passé pour l'uniforme. Pour ses opposants, il ne pouvait être qu'une « lubie réactionnaire » comme le qualifia le député insoumis Thomas Portes. Ignorant son histoire sociale et la façon dont il est vécu aujourd'hui à travers le monde. En levant le ton, ils dissuadèrent ceux qui voulaient sincèrement tenter l'expérimentation de façon pragmatique, dans l'attente de tirer un bilan fondé sur les faits. Résistèrent principalement les mairies les plus idéologiquement motivées, portées par un désir de rétablissement de l'ordre et de la discipline. L'uniforme devenait un peu la « lubie réactionnaire » qu'il n'était pas à l'origine.

L'ordre et la discipline sont des valeurs très générales, qui peuvent renvoyer à des contenus différents. Dans l'imaginaire de la droite conservatrice, elles signalent clairement le souhait de restaurer une hiérarchie, l'obéissance à cette hiérarchie, et en conséquence une limite drastique à l'autonomie individuelle. Un retour à l'école d'autrefois en quelque sorte, celle d'avant la révolution du sujet. C'est par exemple ce que l'on voit à l'œuvre dans le réseau d'écoles privées Espérance Banlieues, qui conjuguent l'uniforme avec la *Marseillaise*, le salut au drapeau, l'autorité du maître (lui aussi avec cravate), le vouvoiement et l'apprentissage par cœur[2]. Les résultats scolaires toutefois ne sont pas à la hauteur des attentes[3]. Car l'autonomie individuelle est devenue une donnée indépassable, qui ne peut être contrainte exagérément ; chaque enfant a un potentiel et une créativité spécifiques, qu'il faut savoir faire s'épanouir. « Nous ne sommes plus au XIXe siècle, dit le sociologue Olivier Galland, et le défaut des élèves français n'est pas qu'ils s'expriment trop, mais qu'ils ne s'expriment pas assez[4] ! » Sauf sous forme de chahut, mais qui est dû à l'insuffisance de l'expression raisonnée.

L'impasse de la discipline absolue n'interdit pas de penser que l'autonomie puisse être articulée à un certain ordre. Non pas autoritaire et vertical, écrasant l'individu. Mais combiné différemment, de manière nouvelle et souple. En développant par exemple une pédagogie du respect et de la confiance. L'ordre ne provient pas toujours de la coercition. Il peut venir d'un désir d'intégration de l'individu lui-même. À partir de valeurs partagées, ou de quelques repères qui signent une appartenance. L'uniforme peut être ce signe d'appartenance, y compris quand il est réduit à un simple polo agrémenté d'un logo ou une blouse de même couleur. L'individu n'est pas totalement socialisé, emprisonné, « enrégimenté », il garde au contraire l'essentiel de son autonomie mais, par le repère vestimentaire, tisse un lien social, qui le relie à un collectif, et à une institution. L'inscrit dans un rôle.

Ici se joue un saut qualitatif essentiel. À un premier degré, l'uniforme insère dans un collectif, et uniquement dans ce collectif, d'élèves et d'enseignants, l'école dans laquelle il est, se distinguant par ses couleurs, souvent contre les autres, comme une équipe sportive. De nombreux établissements d'ailleurs, notamment les plus élitistes, utilisent l'uniforme dans ce seul but de distinction concurrentielle, y compris pour se vendre sur le marché des études. Mais cette intégration particulière peut n'être que la première étape vers un lien institutionnel plus poussé, dont nous avons vu le fonctionnement avec la prise de rôle. L'enfant n'est plus seulement un individu, un sujet, mais il est aussi un écolier, placé dans un cadre éthique valorisant l'accès au savoir. L'ordre, plus que sur la contrainte, repose alors idéalement sur cette éthique partagée.

Cet ordre non autoritaire est une composante importante de la « troisième voie » de l'uniforme, entre radicalité conservatrice et opposition radicale, qui se cherche de façon intuitive sans encore se trouver, peu avancée dans sa réflexion, et dont les arguments manquent cruellement pour alimenter le débat qui aujourd'hui n'est pas à la hauteur des enjeux sociétaux de l'uniforme. L'ambition de ce livre est de fournir quelques pistes, d'aider à l'établissement d'une confrontation d'idées qui, loin des positions idéologiques clivantes, devienne à la fois informée et sereine.

Mais encore faudrait-il qu'elle puisse advenir, or rien n'est moins sûr. À la suite de la dissolution de l'Assemblée nationale le 9 juin 2024, le désordre qui a suivi a bouleversé l'agenda de l'uniforme. Les changements de ministres, la gestion au jour le jour prenant le pas sur les réformes, et les réductions budgétaires, ont rendu son horizon problématique. L'élan n'y est plus. Même les opposants désormais ne se mobilisent guère sur le sujet, gagnés eux aussi par le sentiment que la grande expérimentation pourrait mourir de sa belle mort, dans l'indifférence. Indifférence qui, combinée à la critique narquoise qui a pris le dessus dans les médias, isole encore plus ceux qui ont tenté l'expérience, et qui sont contraints de la poursuivre. Depuis le ministère de l'Éducation jusqu'aux directeurs d'école en passant par les maires. Ils sont tenus par le calendrier et leurs engagements. Confrontés à une machinerie bureaucratique d'autant plus écrasante qu'ils se retrouvent isolés, livrés à leur sort. Alors que le soutien et un entourage plutôt bienveillant et consensuel sont une condition de réussite de l'expérience. Ainsi la mairie de Provins avait tenté l'expérience de sa propre initiative, en 2018, avec l'approbation du ministre, Jean-Michel Blanquer, mais pas de l'inspection académique, ce qui empêchait d'inscrire l'obligation de porter l'uniforme dans le règlement intérieur[5]. La disparité des tenues (certains élèves en uniformes, d'autres pas) provoqua l'échec de l'opération. Échaudée, la mairie ne se porta pas candidate en 2024.

Alors que l'uniforme scolaire a le soutien de l'opinion (et qu'il faudrait mieux comprendre pourquoi), l'ébauche d'expérimentation, lancée avec des grands effets de communication avant d'être abandonnée à elle-même, pourrait déboucher sur une dilution progressive, une lente disparition presque silencieuse, une petite mort sans avis de décès.

Qu'importe direz-vous, il ne s'agit là que d'une question de détail, un problème vestimentaire qui ne va pas changer l'avenir de notre société. Ce n'est pas si sûr. Notre société, que l'on peut qualifier de modernité tardive, est confrontée à un défi gigantesque. Elle est fondée sur une utopie, l'affirmation du sujet tout-puissant, dont nous commençons à comprendre qu'elle ne pourra pas continuer à se développer en aveugle sans briser ce qui nous permet de vivre ensemble. Déjà une contre-révolution conservatrice monte en puissance et propose un autre modèle. Elle utilise d'ailleurs l'uniforme scolaire, dans une vision autoritaire, pour conforter ce projet. Mais pour tous ceux qui souhaitent continuer à aller de l'avant dans le sens progressiste d'un individu libre d'inventer son avenir, l'urgence me semble-t-il est d'inventer des régulations, des accompagnements du mouvement d'émancipation, pour qu'il ne débouche pas sur le pire.

Certes il ne s'agit pas d'une chose facile. Je l'ai constaté dans un livre récent sur l'identité de genre. Nous sommes arrivés au point où le sujet peut peser plus lourd que le corps, la biologie, dicter sa loi, affirmer qui il est à la force de sa seule subjectivité. Révolution existentielle qui bouleverse tant de repères qu'elle joue un rôle majeur dans ce qui alimente la contre-révolution conservatrice. Mais comment serait-il possible de réguler cette subjectivité sans contraindre la liberté des personnes, sans donner un coup de frein au mouvement historique d'émancipation lui-même ? La réponse n'est pas du tout évidente.

L'uniforme scolaire, en comparaison, offre une possibilité concrète facilement réalisable (et observable dans une expérimentation) : introduire un signe d'appartenance, la possibilité d'une prise de rôle, sans que cela bride la liberté individuelle. Pour que l'enfant-sujet se vive aussi en écolier le temps de l'école.

Ce qui ne bouleversera sans doute pas les résultats scolaires, ce qui ne résoudra pas tous les problèmes de violence. Il ne faut pas attendre de l'uniforme plus qu'il ne peut donner. Ce qui pourrait cependant avoir un intérêt des plus précieux : constituer une sorte de laboratoire idéal pour découvrir les mécanismes permettant d'accompagner la révolution du sujet.

Il faudrait certes pour cela que l'expérimentation soit soutenue et étudiée avec attention, au-delà des clivages et des invectives. Nous sommes pour le moins loin du compte. Aux dernières nouvelles, en cette période d'incertitude gouvernementale et de restrictions budgétaires, le ministère de l'Éducation a le regard tourné ailleurs. « Les retours que nous avons aujourd'hui semblent montrer que le gouvernement n'a pas l'intention d'aller plus avant dans l'expérimentation, en tout cas, rien ne nous encourage à aller dans ce sens. C'est même silence radio », commente, dépité, le conseiller municipal d'une commune qui s'était portée candidate[6]. Gâchis bureaucratique ? Les rentrées 2025 et 2026 ne seront-elles que des occasions ratées pour l'expérimentation de l'uniforme ?

Devant conclure ce livre sans l'aide d'une boule de cristal, je laisse au lecteur le soin d'écrire la suite à partir de l'actualité immédiate. Mais au-delà de ce temps court dont les péripéties sont imprévisibles, une chose est sûre : l'uniforme scolaire reviendra immanquablement sur le devant de la scène. La raison ? Il s'inscrit avec logique dans les subtilités paradoxales de notre modernité tardive. Quels que soient les débats de surface, le consensus vient d'en bas. Ainsi, malgré les contestations bruyantes, malgré l'abandon en rase campagne de la part du ministère, le nombre des écoles participant à l'expérimentation a-t-il malgré tout augmenté, sans faire de bruit[7].

Nous ne sommes qu'au début d'une longue histoire.

NOTES

INTRODUCTION

1. En réponse à Xavier Darcos, son ministre délégué à l'Enseignement scolaire, dont il avait la tutelle, et qui, en 2003, s'était déclaré favorable à ce que la question de l'uniforme soit posée. https://theconversation.com/uniforme-a-lecole-leternel-debat-147126.
2. Claude Lelièvre, 2021.

PREMIÈRE PARTIE
DE ROBESPIERRE
À LA JUPE ÉCOSSAISE

CE QUE LA GAUCHE A OUBLIÉ

1. Kate Stephenson, 2023.
2. Inés Dussel, 2001
3. Kate Stephenson, 2016.
4. Inés Dussel, 2001. L'uniforme était surtout pour les maîtres, les élèves quant à eux devant respecter un code vestimentaire un peu plus souple.
5. Alfred Espinas, 1898.
6. *L'Histoire par l'image*, Guillaume Nicoud, « David habille la Révolution », publié en janvier 2012. Consultable sur : https://histoire-image.org/etudes/david-habille-revolution [en ligne, le 11/03/2025].
7. Adrian Kammarti, 2023.
8. *Idem.*
9. François Fourn, 2017.
10. Article dans *Le Populaire,* 1er octobre 1848, cité par François Fourn.
11. Julien Sausse, 2013.
12. Anne-Marie Jaton, 1986.
13. Inés Dussel, 2001
14. Simone Gougeaud-Arnaudeau, 2000.
15. Cité par Jean-François Chanet, 2005.

16. *Idem.*
17. Voir notamment : *Le Club de Mediapart*, « Lepeletier de Saint-Fargeau, Projet pour une éducation nationale », publié le 2 septembre 2016. Consultable sur : https://blogs.mediapart.fr/mtb74/blog/020916/lepeletier-de-saint-fargeau-projet-pour-une-education-nationale [en ligne, le 07/03/2025].
18. Dominique Julia, 1981.
19. Françoise Brunel, 2014.
20. Le Peletier, 1989.
21. *Idem.*
22. James Guillaume, 1887.
23. Jean-Claude Martinage, 2015.
24. James Guillaume, 1887.
25. *Idem.*
26. Jean-François Chanet, 2005.
27. *Idem.*
28. Hans-Christian Harten, 1989.
29. *Le Club Mediapart*, « Vers une tenue unique pour les enseignants ? », publié le 24 novembre 2022. Consultable sur : https://blogs.mediapart.fr/claude-lelievre/blog/241122/vers-une-tenue-unique-pour-les-enseignants [en ligne, le 07/03/2025].
30. Sylvain Nicolle, 2016
31. Jonathan Boudet, 2011
32. *Idem.*
33. Jean-François Chanet, 2005
34. Claude Lelièvre, 2021
35. Philippe Marchand, 2021.
36. *Idem.*
37. *Idem.*
38. Ferdinand Buisson, 1889.
39. Cité par Jean-François Chanet, 2005.
40. Baptiste Detombe, 2024.
41. Jean-Claude Kaufmann, 2019.
42. Cf. par exemple Kneia DaCosta, 2006.
43. Cf. par exemple Arya Ansari, Michael Shepard et Michael Gottfried, 2022.
44. Claude Lelièvre, 2021.
45. Aude Le Guennec, 2018.
46. Peter Berger et Thomas Luckmann, 2006.
47. Nicolas Coutant et Aude Le Guennec, 2019.

QUE NOUS DIT LE SUD ?

1. Bernard Moizo, 1991.
2. Noel D'Silva, 2002.
3. Pierre Kamdem, 2016.
4. Amra Sabic-El-Rayess, Natasha Mansur, Batjargal Batkhuyag, 2019.

5. Roger-François Gauthier, André Robert, 2005.
6. Paul J. Gertler *et al.*, 2011.
7. Emmanuelle Bazoret, 2020.
8. Michel Tondellier, 2024.
9. *Idem.*
10. *Le Petit Journal.com*, Philippe Petit, « L'uniforme à l'école obligatoire en République du Congo », publié le 2 octobre 2023. Consultable sur : https://lepetitjournal.com/republique-congo/actualite/uniforme-ecole-obligatoire-republique-congo-369219 [en ligne, le 11/03/2025].
11. *RFI*, « Au Togo et au Congo-Brazzaville, une rentrée scolaire marquée par de nouvelles règles en matière d'uniforme », publié le 25 septembre 2023. Consultable sur : https://www.rfi.fr/fr/afrique/20230925-au-togo-et-au-congo-brazzaville-une-rentr%C3%A9e-scolaire-marqu%C3%A9e-par-de-nouvelles-r%C3%A8gles-en-mati%C3%A8re-d-uniforme [en ligne, le 11/03/2025].
12. *Idem.*
13. Éric Lanoue, 2003.
14. Marie-France Lange, 2007.
15. *Idem.*
16. *Idem.*
17. Alexander Aldana Bautista, 2017.
18. François Dubet, 2002.
19. *France Info*, Nicolas Suire, « L'uniforme adopté dans la plupart des collèges de Polynésie pour briser les barrières sociales », publié le 24 janvier 2024. Consultable sur : https://la1ere.francetvinfo.fr/polynesie/tahiti/polynesie-francaise/l-uniforme-adopte-dans-la-plupart-des-colleges-de-polynesie-pour-briser-les-barrieres-sociales-1459847.html [en ligne, le 11/03/2025].
20. *SNALC*, Frédéric Cheula, « Guyane : l'uniforme scolaire, déjà la norme chez nous », publié le 1er février 2024. Consultable sur : https://snalc-detom.fr/guyane-luniforme-scolaire-deja-la-norme-chez-nous/ [en ligne, le 11/03/2025].
21. Michel Tondellier, 2024.
22. *Idem.*
23. *Idem.*
24. *Idem.*
25. Xavier Darcos, 2016.
26. Zuhayr al-Jazā'irī, cité par Thibaud Laval, 2023.
27. Ils criaient « *Affanṭīzī* ! », qui est un composé de « effendi », « cul » (*ṭīz*) et « anglais ». Cf. Thibaud Laval, 2023.
28. Kilian Bälz, 1998.
29. *La Croix*, « Égypte : l'interdiction du voile intégral dans les écoles crée la polémique », publiée le 12 septembre 2023. Consultable sur : https://www.la-croix.com/international/Egypte-linterdiction-voile-integral-ecoles-agite-debats-2023-09-12-1201282372 [en ligne, le 11/03/2025].
30. *Kassataya*, Cherif Kane, « Mauritanie : l'uniforme à l'école, le symbole de l'école républicaine de Ould Ghazouani », publié le 15 novembre 2023. Consultable

sur : https://kassataya.com/2023/11/15/mauritanie-luniforme-a-lecole-le-symbole-de-lecole-republicaine-de-ould-ghazouani/ [en ligne, le 11/03/2025].
31. Abram de Swaan, 2022.
32. *TV5 Monde*, Anaïs Furtade, « Russie : “éducation patriotique” ou propagande à l’école ? », publié le 28 janvier 2025. Consultable sur : https://information.tv5monde.com/international/russie-education-patriotique-ou-propagande-le-cole-1765975 [en ligne, le 11/03/2025].
33. Iris Seri-Hersch, 2023.

LE MODÈLE ANGLAIS

1. Rachel Shanks, 2023.
2. Kate Stephenson, 2023.
3. Kate Stephenson, 2016.
4. Michel Tondellier, 2024
5. Kate Stephenson, 2023.
6. Kate Stephenson, 2016
7. *Idem.*
8. John Synott, et Colin Symes, 1995.
9. Mark Girouard, 1981.
10. Kate Stephenson, 2016.
11. Georg Simmel, 1990.
12. Oksana Grichanyuk, 2020.
13. Inés Dussel, 2005.
14. *20 Minutes*, Jérôme Diesnis, « Uniforme à l’école : À Béziers, les élèves se croient “dans ‘Harry Potter’, c’est trop bien” », publié le 26 février 2024. Consultable sur : https://www.20minutes.fr/societe/4078334-20240226-uniforme-ecole-beziers-eleves-croient-harry-potter-trop-bien [en ligne, le 11/03/2025].
15. Aude Le Guennec, 2009.
16. *Idem.*
17. *Idem.*
18. *Idem.*
19. *Idem.*
20. *Idem.*
21. *Idem.*
22. *Idem.*
23. *L’Officiel*, Jacqueline Vu, « Histoire de la mode : l’évolution de l’uniforme d’écolière », publié le 22 juillet 2021. Consultable sur : https://www.lofficiel.com/pop-culture/histoire-de-la-mode-l-evolution-de-l-uniforme-d-ecoliere [en ligne, le 11/02/2025].
24. *Le Monde*, Philippe Mesmer, « Au Japon, l’uniforme scolaire, plébiscité par les parents et les élèves, évolue », publié le 18 avril 2024. Consultabe sur : https://www.lemonde.fr/intimites/article/2024/04/18/au-japon-l-uniforme-scolaire-plebiscite-par-les-parents-et-les-eleves-evolue_6228552_6190330.html [en ligne, le 11/03/2025].

25. *Le Parisien*, Philippe Baverel, « Un été 2000 furieusement tendance », publié le 31 juillet 2000. Consultable sur : https://www.leparisien.fr/societe/un-ete-2000-furieusement-tendance-31-07-2000-2001536814.php [en ligne, le 11/03/2025].
26. Tets Kimura, 2023.
27. Muriel Jolivet, 2010.
28. Tets Kimura, 2023.
29. *Harper's Bazaar*, Mitia Bernetel, « Style preppy : comment l'uniforme scolaire est devenu un cas d'école dans la mode », publié le 23 août 2024. Consultable sur : https://www.harpersbazaar.fr/mode/du-style-preppy-a-la-petite-robe-noire-luniforme-scolaire-cas-decole-dans-la-mode_1671 [en ligne, le 11/03/2025].
30. *Idem.*
31. Christiana Lazarine, 2018.

DEUXIÈME PARTIE
COMPRENDRE L'UNIFORME

FLUX ET REFLUX

1. Gilles Lipovetsky, 1983.
2. Slogans de Mai 68.
3. Anthony Giddens, 1994.
4. Ulrich Beck, 2001.
5. Peter Wagner, 1996.
6. Kate Stephenson, 2023.
7. Elaine Webster, 2008.
8. Aim Sinpeng, 2021.
9. Wesley Scott Johnson, 2010.
10. Kate Stephenson, 2023.
11. Rachel Shanks, 2023.
12. Laura Penttinen, 2011.
13. Nanba Tomoko, 2018.
14. Sun Youn Lee *et al.*, 2021.
15. *Idem.*
16. Philippe Mesmer, « Au Japon, l'uniforme scolaire, plébiscité par les parents et les élèves, évolue », *op. cit.*
17. *Mon uniforme scolaire*, « L'uniforme scolaire en Chine, reflet des mutations de la société », publié le 25 mars 2020. Consultable sur : https://www.mon-uniforme-scolaire.fr/blog/2020/03/25/luniforme-scolaire-en-chine-reflet-des-mutations-de-la-societe/ [en ligne, le 14/03/2025].
18. *Courrier international*, Zhang Zhulin, « Surveillance. En Chine, une puce collée sur des uniformes scolaires », publié le 8 septembre 2021. Consultable sur : https://www.courrierinternational.com/revue-de-presse/surveillance-en-chine-une-puce-collee-sur-des-uniformes-scolaires [en ligne, le 14/03/2025].
19. Yumei Cui *et al.*, 2018.

20. Michel Tondellier, 2024.
21. *Idem.*
22. Chris Baumann et Hana Krskova, 2016.
23. Bruno Neveu, 1996.
24. *Idem.*
25. *Le Monde*, Séverin Graveleau, « À la fac, toges et toques sont de nouveau de sortie », publié le 11 juillet 2016. Consultable sur : https://www.lemonde.fr/campus/article/2016/07/13/a-l-universite-toges-et-toques-sont-de-nouveau-de-sortie_4968644_4401467.html [en ligne, le 14/03/2025].
26. Jacquelyn Kraft, 2003 ; Harold Mitchell et John Knechtle, 2003.
27. Grace Chen 2008.
28. *La Presse* +, « La petite histoire de l'uniforme scolaire ». Consultable sur : https://plus.lapresse.ca/screens/1783c075-c72d-4758-8b99-6ddaad3dd4f9%7C_0.html [en ligne, le 14/03/2025].
29. Jhia Mae Woo *et al.*, 2020.
30. *Le Monde*, Brice Pedroletti, « En Malaisie, des chaussettes estampillées "Allah" font scandale », publié le 30 mars 2024. Consultable sur : https://www.lemonde.fr/international/article/2024/03/30/en-malaisie-des-chaussettes-estampillees-allah-font-scandale_6225004_3210.html [en ligne, le 14/03/2025].
31. *Idem.*
32. Ibrahim Jibrin, 1988.
33. *Idem.*
34. Hugo Flavier, 2018.
35. *RFI*, Anissa El Jabri, « Russie: une rentrée scolaire sous le signe d'un nouveau renforcement de la discipline "patriotique" », publié le 2 septembre 2024. Consultable sur : https://www.rfi.fr/fr/podcasts/reportage-international/20240902-russie-rentr%C3%A9e-scolaire-sous-le-signe-d-un-nouveau-renforcement-de-la-discipline-patriotique [en ligne, le 14/03/2025].
36. *Le Monde*, Benoît Vitkine, « "Puisqu'il le faut..." : dans la Russie profonde, l'acceptation fataliste de la guerre, malgré le deuil », publié le 2 février 2024. Consultable sur : https://www.lemonde.fr/m-le-mag/article/2024/02/02/a-paris-dans-l-oural-la-guerre-entre-la-russie-et-l-ukraine-en-bruit-de-fond_6214363_4500055.html [en ligne, le 14/03/3035].

QUELLES LEÇONS TIRER DES ÉTUDES ?

1. *Le Monde*, tribune de Michel Tondellier, « Uniforme scolaire : "Le calendrier annoncé par Emmanuel Macron condamne l'évaluation à la superficialité" », publié le 20 janvier 2024. Consultable sur : https://www.lemonde.fr/idees/article/2024/01/20/uniforme-scolaire-le-calendrier-annonce-par-emmanuel-macron-condamne-l-evaluation-a-la-superficialite_6211980_3232.html [en ligne, le 14/03/2025].
2. Inés Dussel, 2001.
3. Kate Stephenson, 2023.

4. Ann Bodine, 2003a.
5. David Brunsma, 2004.
6. Cité par Jacquelyn Kraft, 2003.
7. Cité par Julia Wilkins, 1999.
8. David Brunsma, 2004.
9. Robert Cribbie, 2017.
10. David Brunsma, 2002.
11. Attillah Brookshire, 2016.
12. Peter Caruso, 1996.
13. Ann Bodine, 2003b.
14. Daphne Meadmore et Colin Symes, 1996.
15. Angela Walmsley, 2011.
16. Torrie Edwards et Catherine Marshall, 2020.
17. Ryan Yeung, 2009.
18. Judy Park, 2013.
19. David Brunsma, 2004.
20. *Idem.*
21. David Brunsma et Kerry Ann Rockquemore, 2003.
22. David Brunsma, 2004.
23. *Idem.*
24. *Idem.*
25. David Brunsma et Kerry Ann Rockquemore, 1998.
26. David Brunsma, 2004.
27. Ann Bodine, 2003a
28. Virginia Draa, 2005.
29. Angela Walmsley, 2011.
30. *20 Minutes*, « Uniforme à l'école : Inégalités, violence, notes… Que disent les études sur les effets de la tenue unique », publié le 26 février 2024. Consultable sur : https://www.20minutes.fr/societe/4077637-20240226-uniforme-ecole-inegalites-violence-notes-disent-etudes-effets-tenue-unique [en ligne, le 14/03/2025].
31. *Ici*, Suzanne Shojaei, « "Manque de laïcité", "argent gaspillé", "risible"... Les syndicats perpignanais très critiques sur l'uniforme à l'école », publié le 21 avril 2024. Consultable sur : https://www.francebleu.fr/infos/education/manque-de-laicite-argent-gaspille-risible-les-syndicats-perpignanais-tres-critiques-sur-l-uniforme-a-l-ecole-8453540 [en ligne, le 14/03/2025].
32. Ann Bodine, 2003a.
33. David Brunsma, 2005.
34. David Brunsma, 2006.
35. Johanna Reidy, 2021.
36. Jacquelyn Kraft, 2003.
37. Aaron Jones *et al.*, 2020.
38. Jennifer Rodriguez, 2005.
39. Chris Baumann et Hana Krskova, 2016.
40. Michel Tondellier, 2024.

41. John Huss, 2007.
42. Bobbi Adams, 2007.
43. Laura Penttinen, 2011.
44. Catherine Stockton, 2002.
45. David Evans, 2008.
46. Laura Penttinen, 2011.
47. Ilani Wilken et Annette Van Aardt, 2012.
48. Rachel Shanks, Julie Ovington et Beth Cross, 2023.
49. Angela Walmsley, 2011.
50. Ann Bodine, 2003a.
51. Mark Vopat, 2010.
52. Aaron Jones *et al.*, 2020 ; Arya Ansari, 2022.
53. Kneia DaCosta, 2006.
54. Aaron Jones *et al.*, 2020.
55. David Brunsma, 2004.

LES DESSOUS DE L'UNIFORME

1. Cf. notamment Jean-Claude Kaufmann, 2019 et Jean-Claude Kaufmann, 2024.
2. François Dubet, 2002.
3. *Idem.*
4. La célèbre phrase a été attribuée, peut-être à tort, à Françoise Dolto, qui pour le moins en aura été son inspiratrice. Quoi qu'il en soit, l'important fut son retentissement considérable, car elle répondait à une attente de la société.
5. Pierre Sansot, 1991.
6. Francis Fukuyama, 2009.
7. *Le Monde*, Anne-Françoise Hivert, « Pour la sixième année de suite, la démocratie a reculé dans le monde en 2022 », publié le 2 novembre 2023. Consultable sur : https://www.lemonde.fr/international/article/2023/11/02/pour-la-sixieme-annee-de-suite-la-democratie-a-recule-en-2022_6197887_3210.html [en ligne, le 14/03/2025] ; International Institute for Democracy and Electoral Assistance, *The Global State of Democracy 2024*, 2024. Consultable sur : https://www.idea.int/gsod/2024/ [en ligne, le 14/03/2025].
8. Baptiste Detombe, 2024.
9. Michèle Breuillard, 2005.
10. Laura Penttinen, 2011.
11. Jean-Claude Kaufmann, 1994.
12. Erving Goffman, 1991.
13. Ginette Francequin, 2008.
14. Jasper Friedrich et Rachel Shanks, 2021.
15. Marcel Jousse, 1974.
16. Pierre-Yves Balut, 2013, cité par Aude Le Guennec, 2018.
17. Aude Le Guennec, 2018.
18. Citée par Jordan Cuttat, 2023.

19. *Madame Figaro*, Léa Mabilon, « Olivia, mère de 4 enfants, favorable à l'uniforme : "Le matin, la préparation de la tenue n'est plus un sujet, c'est une libération pour moi" », publié le 16 décembre 2023. Consultable sur : https://madame.lefigaro.fr/societe/olivia-mere-de-4-enfants-l-uniforme-a-ete-une-liberation-pour-moi-le-matin-la-preparation-de-la-tenue-n-est-plus-un-sujet-20231216 [en ligne, le 14/03/2025].
20. Nicolas Coutant et Aude Le Guennec, 2019.
21. Laura Penttinen, 2011.
22. *Swissinfo*, Isobel Leybold-Johnson, « Pourquoi la Suisse boude l'uniforme scolaire », publié le 6 janvier 2020. Consultable sur : https://www.swissinfo.ch/fre/societe/education_pourquoi-la-suisse-boude-l-uniforme-scolaire/45448606 [en ligne, le 17/03/2025].
23. *The Telegraph*, Flora Carr, « Breeches, knee socks and frock coats - meet the children starting school in Britain's oldest uniform », publié le 7 septembre 2017. Consultable sur : https://www.telegraph.co.uk/family/schooling/breeches-knee-socks-frock-coats-meet-children-starting-school/ [en ligne, le 17/03/2025].
24. Hélène Orizet, 2019.
25. *Idem.*

TROISIÈME PARTIE
DÉBATS

COMMENT SE FORMENT LES DÉBATS

1. Majella McSharry, 2023.
2. Citée par Caroline Caron, 2014.
3. Stanley Cohen, 1972.
4. « Le problème numéro un : les nombrils à l'air », *Le Soleil*, 28 août 2004, cité par Caroline Caron, 2014.
5. *Idem.*
6. « Allez vous rhabiller ! », *La Presse,* 16 février 2003, cité par Caroline Caron, 2014.
7. Caroline Caron, 2014.
8. *Idem.*
9. Patrick Duquette, « L'Érablière rêve d'un uniforme », *Le Droit,* 2 mars 2004. Consultable sur : https://numerique.banq.qc.ca/patrimoine/details/52327/4544512?docsearchtext=Le%20droit%202%20mars%202004 [en ligne, le 17/03/2025].
10. *La Presse*, Sara Champagne, « L'uniforme obligatoire en voie de devenir la norme dans les écoles publiques », publié le 25 janvier 2016. Consultable sur : https://www.lapresse.ca/actualites/education/201601/25/01-4943420-luniforme-obligatoire-en-voie-de-devenir-la-norme-dans-les-ecoles-publiques.php [en ligne, le 17/03/2025].
11. Jordan Cuttat, 2023.
12. *RTS*, Cecilia Mendoza et Sarah Jelassi, « La polémique du "t-shirt de la honte" s'étend à plusieurs écoles romandes », publié le 30 septembre 2020.

Consultable sur : https://www.rts.ch/info/suisse/11640691-la-polemique-du-tshirt-de-la-honte-setend-a-plusieurs-ecoles-romandes.html [en ligne, le 17/03/2025].
13. *Corriere della sera*, Mannheimer Renato, « Sì al maestro unico da 6 italiani su 10 », publié le 19 octobre 2008. Consultable sur : https://web.archive.org/web/20151031084449/http://archiviostorico.corriere.it/2008/ottobre/19/maestro_unico_italiani_10_co_9_081019001.shtml [en ligne, le 17/03/2025].
14. Davide Montino, 2009.
15. *Il Giornale*, Enza Cusmai, « Scuola, arriva il nuovo grembiulino griffato Mariastella Gelmini », publié le 11 août 2008. Consultable sur : https://www.ilgiornale.it/news/scuola-arriva-nuovo-grembiulino-griffato-mariastella-gelmini.html [en ligne, le 17/03/2025].
16. Girolamo De Michele, 2012.
17. Denis Giordano, 2009.
18. *Today*, Chiara Cecchini, « L'idea di Salvini sul grembiule obbligatorio a scuola che mette (quasi) tutti d'accordo », publié le 16 janvier 2019. Consultable sur : https://www.today.it/scuola/grembiule-obbligatorio.html [en ligne, le 17/03/2025].
19. https://www.repubblica.it/cronaca/2019/05/04/news/grembiule_a_scuola-225458658/
20. Hélène Orizet, 2019.
21. *20 Minutes*, Romarik Le Dourneuf, « Puteaux : Des uniformes made in Europe ? Raté… Premier test à l'école, et premier loupé », publié le 26 mars 2024. Consultable sur : https://www.20minutes.fr/paris/4083336-20240326-puteaux-uniformes-made-in-europe-rate-premier-test-ecole-premier-loupe [en ligne, le 17/03/2025].
22. *94 citoyens*, Charles Henry, « À Neuilly-sur-Marne, les parents disent oui à l'uniforme », publié le 25 mars 2024. Consultable sur : https://94.citoyens.com/2024/a-neuilly-sur-marne-les-parents-disent-oui-a-luniforme,25-03-2024.html [en ligne, le 1/03/2025].
23. Sondage YouGov mené pour le *HuffPost* en octobre 2023. Consultable en ligne sur : https://ygo-assets-websites-editorial-emea.yougov.net/documents/R%C3%A9sultats_YouGov_pour_le_HuffPost_Actualit%C3%A9s_Octobre_2023_As_Sent_04.10.2023.pdf [en ligne, le 17/03/2025].
24. Élisabeth Anstett, 2012.

LE CORPS DES FILLES

1. Claude Lelièvre, 2021.
2. Kate Stephenson, 2023.
3. *Idem.*
4. Torrie Edwards et Catherine Marshall, 2020.
5. Jean-Claude Kaufmann, 2024.
6. Citée dans *Le Monde*, Philippe Mesmer, « Au Japon, l'uniforme scolaire, plébiscité par les parents et les élèves, évolue », publié le 18 avril 2024. Consultable sur : https://www.lemonde.fr/intimites/article/2024/04/18/au-japon-l-uniforme-sco-

laire-plebiscite-par-les-parents-et-les-eleves-evolue_6228552_6190330.html [en ligne, le 17/03/2025].

7. *Idem.*
8. Mairead Ryan *et al.*, 2024.
9. Kevin Hartmann, 2023.
10. Jocelyn Lachance, Jeffrey Denis, 2012.
11. *Idem.*
12. Citée par Jocelyn Lachance, Jeffrey Denis, 2012.
13. Caroline Caron, 2014.
14. Jocelyn Lachance, Jeffrey Denis, 2012
15. *Idem.*
16. Ernst Aebi, Carole Michèle, 2024.
17. Gigi Durham, 2009.
18. Christiana Lazarine, 2018.
19. Jennifer Craik, 1920.
20. Sharon Kinsella, 2002.
21. *Iggy magazine*, « De l'École à la Scène Mondiale : L'Ascension de Britney Spears avec "…Baby One More Time" », publié le 25 juin 2024. Consultable sur : https://www.iggymagazine.com/de-lecole-a-la-scene-mondiale-lascension-de-britney-spears-avec-baby-one-more-time/ [en ligne, le 17/03/2025].
22. Christiana Lazarine, 2018.
23. Jean-Claude Kaufmann, 1995.
24. Norbert Elias, 1975.
25. Jean-Claude Kaufmann, 1995.
26. Shaparak Shajarizadeh, 2020.
27. Florence Wenzek, 2023.
28. Charmaine Pereira, 2012.
29. *Idem.*

PÉRIPÉTIES FRANÇAISES

1. *The Conversation*, Claude Lelièvre, « Uniforme à l'école, l'éternel débat ? », publié le 30 septembre 2020. Consultable sur : https://theconversation.com/uniforme-a-le-cole-leternel-debat-147126 [en ligne, le 17/03/2025].
2. Voir par exemple *Le Nouvel Obs*, Bernard Girard, « Uniforme à l'école : Darcos recycle le programme de l'extrême droite », publié le 21 janvier 2009. Consultable sur : https://www.nouvelobs.com/rue89/rue89-nos-vies-connectees/20090121.RUE7985/uniforme-a-l-ecole-darcos-recycle-le-programme-de-l-extreme-droite.html [en ligne, le 17/03/2025].
3. *The Conversation*, Claude Lelièvre, « Uniforme à l'école, l'éternel débat ? », *op. cit.*
4. *L'Union*, « L'uniforme à l'école, une vieille idée de François Baroin », publié le 24 janvier 2020. Consultable sur : https://www.lunion.fr/id125843/article/2020-01-24/luniforme-lecole-une-vieille-idee-de-francois-baroin [en ligne, le 17/03/2025].

5. *Le Parisien*, « “Nous sommes en train de restaurer l’autorité” », publié le 9 octobre 2003. Consultable sur : https://www.leparisien.fr/societe/nous-sommes-en-train-de-restaurer-l-autorite-09-10-2003-2004453045.php [en ligne, le 17/03/2025].
6. Citée dans *Libération*, Catherine Coroller, « Et voilà qu’on reparle de l’uniforme », publié le 18 septembre 2003. Consultable sur : https://www.liberation.fr/evenement/2003/09/18/et-voila-qu-on-reparle-de-l-uniforme_445259/ [en ligne, le 17/03/2025].
7. *La Dépêche*, Hervé Monzat, « Uniforme à l’école : le ministre veut imprimer sa marque », publié le 10 octobre 2003. Consultable sur : https://www.ladepeche.fr/article/2003/10/10/133353-uniforme-a-l-ecole-le-ministre-veut-imprimer-sa-marque.html [en ligne, le 17/03/2025].
8. Citée dans *Libération*, Catherine Coroller, « Et voilà qu’on reparle de l’uniforme », op. cit.
9. *Le Parisien*, « Retour de l’uniforme à l’école : qu’en pensez-vous ? », publié le 16 janvier 2009. Consultable sur : https://www.leparisien.fr/societe/retour-de-l-uniforme-a-l-ecole-qu-en-pensez-vous-16-01-2009-375448.php [en ligne, le 18/03/2025].
10. *The Conversation*, Claude Lelièvre, « Uniforme à l’école, l’éternel débat ? », *op. cit.*
11. Proposition de loi du 21 janvier 2015. Consultable sur le site de l’Assemblée nationale : https://www.assemblee-nationale.fr/14/propositions/pion2517.asp [en ligne, le 18/03/2025].
12. Marine Le Pen, conférence de presse du 16 janvier 2015. Consultable sur le site du Rassemblement national : https://rassemblementnational.fr/conferences-de-presse/attentats-marine-le-pen-presente-lanalyse-du-front-national-et-ses-propositions-version-texte [en ligne, le 18/03/2025].
13. *Marianne*, Hadrien Brachet, « Uniforme à l’école : le RN dégoupille, le gouvernement se divise », publié le 7 décembre 2022. Consultable sur : https://www.marianne.net/societe/education/uniforme-a-lecole-le-rn-degoupille-le-gouvernement-se-divise [en ligne, le 18/03/2025].
14. *Valeurs actuelles*, « Abaya : Éric Zemmour réclame “la généralisation du port de l’uniforme” afin d’éviter “toute provocation islamique” », publié le 28 août 2023. Consultable sur : https://www.valeursactuelles.com/politique/abaya-eric-zemmour-reclame-la-generalisation-du-port-de-luniforme-afin-deviter-toute-provocation-islamique [en ligne, le 18/03/2025].
15. Proposition de loi, n° 401 du 2 novembre 2022. Consultable sur le site de l’Assemblée nationale : https://www.assemblee-nationale.fr/dyn/16/textes/l16b0401_proposition-loi# [en ligne, le 18/03/2025].
16. Claude Lelièvre, 2022.
17. *Ouest-France*, « Jean-Michel Blanquer favorable au retour de l’uniforme à l’école », publié le 12 décembre 2017. Consultable sur : https://www.ouest-france.fr/education/ecole/jean-michel-blanquer-favorable-au-retour-de-l-uniforme-l-ecole-5441532 [en ligne, le 18/03/2025].
18. *Challenges*, « L’uniforme à l’école “peut être utile”, dit Blanquer » publié le 3 juin 2018. Consultable sur : https://www.challenges.fr/top-news/l-uniforme-a-l-ecole-peut-etre-utile-dit-blanquer_591530 [en ligne, le 18/03/2025].

19. *TF1 Info*, « Retour de l'uniforme à l'école publique : "Un enjeu d'égalité", pour Jean-Michel Blanquer », publié le 3 juin 2018. Consultable sur : https://www.tf1info.fr/societe/retour-de-l-uniforme-a-l-ecole-un-enjeu-d-egalite-pour-jean-michel-blanquer-2089251.html [en ligne, le 18/03/2025].
20. Proposition de loi, n° 3690 du 14 décembre 2020. Consultable sur le site de l'Assemblée nationale : https://www.assemblee-nationale.fr/dyn/15/textes/l15b3690_proposition-loi# [en ligne, le 18/03/2025].
21. *Le Parisien*, David Doukhan, Olivier Beaumont, Henri Vernet et Marcelo Wesfreid, « Brigitte Macron face à nos lecteurs : "Je suis pour le port de l'uniforme à l'école" », publié le 11 janvier 2023. Consultable sur : https://www.leparisien.fr/politique/brigitte-macron-face-a-nos-lecteurs-lutter-contre-le-harcelement-scolaire-cest-mon-combat-11-01-2023-MYF2OGV6JZCVFJBEE42K2TUIDI.php [en ligne, le 18/03/2025].
22. *Valeurs actuelles*, « Uniforme à l'école : Marine Le Pen salue "l'accord" de Brigitte Macron, un "gadget" pour Sandrine Rousseau », publié le 12 janvier 2023. Consultable sur : https://www.valeursactuelles.com/politique/uniforme-a-le-cole-marine-le-pen-salue-laccord-de-brigitte-macron-un-gadget-pour-sandrine-rousseau [en ligne, le 18/03/2025].
23. *Courrier international*, Antoine Cuny-Le Callet, « Uniforme à l'école : le "moment mal choisi" de Brigitte Macron », publié le 13 janvier 2023. Consultable sur : https://www.courrierinternational.com/article/vu-de-l-etranger-uniforme-a-l-ecole-le-moment-mal-choisi-de-brigitte-macron [en ligne, le 18/03/2025].
24. *Le Parisien*, « Uniforme à l'école : "Un vrai débat", estime Attal après les déclarations de Brigitte Macron », publié le 12 janvier 2023. Consultable sur : https://www.leparisien.fr/societe/uniforme-a-lecole-un-vrai-debat-estime-attal-apres-les-declarations-de-brigitte-macron-12-01-2023-OWTJKBSIXZCPDGV2AU2QRH23GI.php [en ligne, le 18/03/2025].
25. *Le Monde*, « Brigitte Macron favorable au port de l'uniforme à l'école », publié le 12 janvier 2023. Consultable sur : https://www.lemonde.fr/societe/article/2023/01/12/brigitte-macron-favorable-au-port-de-l-uniforme-a-l-ecole_6157560_3224.html [en ligne, le 18/03/2025].
26. *Marianne*, Louis Hausalter, « École : la sourde bataille politique de l'uniforme », publié le 12 janvier 2023. Consultable sur : https://www.marianne.net/politique/macron/ecole-la-sourde-bataille-politique-de-luniforme [en ligne, le 18/03/2025].
27. *Idem.*
28. *Idem.*
29. *Actu.fr*, Guillaume Laurens, « Uniforme à l'école : ce qui est prévu dans la seule ville qui va l'expérimenter près de Toulouse », publié le 28 février 2024. Consultable sur : https://actu.fr/occitanie/balma_31044/uniforme-a-l-ecole-ce-qui-est-prevu-dans-la-seule-ville-qui-va-l-experimenter-pres-de-toulouse_60752870.html [en ligne, le 18/03/2025].
30. *Ici*, Victor Tribot-Laspière, « Uniforme, cérémonie de remise des diplômes : Emmanuel Macron annonce des nouveautés pour l'Éducation nationale », publié le 16 janvier 2024. Consultable sur : https://www.francebleu.fr/infos/education/uni-

forme-ceremonie-de-remise-des-diplomes-emmanuel-macron-annonce-des-nouveautes-pour-l-education-nationale-2177268 [en ligne, le 18/03/2025].

31. *Ici*, Géraldine Houdayer, Noémie Bonnin, « Uniforme à l'école : ce que l'on sait sur "l'expérimentation de grande ampleur" annoncée par Gabriel Attal », publié le 6 décembre 2023. Consultable sur : https://www.francebleu.fr/infos/education/uniforme-a-l-ecole-ce-que-l-on-sait-sur-l-experimentation-de-grande-ampleur-annoncee-par-gabriel-attal-8411796 [en ligne, le 18/03/2025].
32. *Le Monde*, « Responsabilité parentale, respect des règles à l'école, addictions aux écrans : Gabriel Attal prône un "sursaut d'autorité" », publié le 18 avril 2024. Consultable sur : https://www.lemonde.fr/politique/article/2024/04/18/gabriel-attal-appelle-a-un-sursaut-d-autorite-a-viry-chatillon-dix-jours-apres-le-meurtre-de-shemseddine-15-ans_6228483_823449.html [en ligne, le 18/03/2025].

UNE OCCASION RATÉE ?

1. Sondage Ifop-*Valeurs actuelles*, 5 février 2015. Consultable sur : https://www.valeursactuelles.com/societe/sondage-exclusif-les-francais-favorables-a-luniforme-et-a-la-marseillaise-a-lecole [en ligne, le 18/03/2025].
2. Sondage BVA-*Presse régionale*, 3 septembre 2016. Consultable sur : https://www.bva-xsight.com/sondages/observatoire-de-la-vie-quotidienne-les-francais-et-lecole/ [en ligne, le 18/03/2025].
3. Sondage Ifop-*Valeurs actuelles*, août 2017. Consultable sur : https://www.ifop.com/wp-content/uploads/2018/03/3835-1-study_file.pdf [en ligne, le 18/03/2025].
4. Sondage BVA-RTL-Orange, 23 septembre 2020. Consultable sur : https://www.bva-xsight.com/sondages/observatoire-de-politique-nationale-bva-orange-rtl-septembre-2020/ [en ligne, le 18/03/2025].
5. Sondage YouGov-*Huffpost*, octobre 2023. Consultable sur : https://www.huffingtonpost.fr/politique/article/uniforme-a-l-ecole-les-francais-sont-massivement-favorables-a-la-mesure-portee-par-attal-sondage_224000.html [en ligne, le 18/03/2025].
6. Sondage Ifop-*Valeurs actuelles*, août 2017. Consultable sur : https://www.ifop.com/wp-content/uploads/2018/03/3835-1-study_file.pdf [en ligne, le 18/03/2025].
7. *La Voix du Nord*, Éric Dauchard, « Marck : le port de l'uniforme à l'école de l'Aéroport (re)fait débat lors du conseil municipal », publié le 10 avril 2024. Consultable sur : https://www.lavoixdunord.fr/1450291/article/2024-04-10/marck-le-port-de-l-uniforme-l-ecole-de-l-aeroport-refait-debat-lors-du-conseil [en ligne, le 18/03/2025].
8. *Le Parisien*, Hélène Haus, « L'école Georges-Mercier à Coubron est la première à adopter l'uniforme en Seine-Saint-Denis », publié le 29 mars 2024. Consultable sur : https://www.leparisien.fr/seine-saint-denis-93/lecole-georges-mercier-a-coubron-est-la-premiere-a-adopter-luniforme-en-seine-saint-denis-29-03-2024-ML7GJPBSENAL3OT7R7NEDECRKE.php [en ligne, le 18/03/2025].
9. *Idem.*

10. *Le Parisien*, C. G., « “Je ne vais pas imposer une expérimentation” : à Aubervilliers, l’uniforme à l’école a du plomb dans l’aile », publié le 15 mars 2024. Consultable sur : https://www.leparisien.fr/seine-saint-denis-93/a-aubervilliers-les-enseignants-sont-contre-luniforme-a-lecole-cest-non-a-une-majorite-ecrasante-15-03-2024-PTNHQFWB2JBVDD5MZEOYFA3VJY.php [en ligne, le 18/03/2025].
11. Communiqué des sections locales CGT éduc’action 93, SNUipp 93 et SUD éducation 93 de la ville d’Aubervilliers, le 13 mars 2024. Consultable sur : https://www.sudeducation93.org/le-port-de-luniforme-naura-pas-lieu-a-aubervilliers/ [en ligne, le 18/03/2025].
12. *FSU SNUipp 85*, « Uniforme : un marqueur idéologique fort », publié le 2 février 2024. Consultable sur : https://85.snuipp.fr/article/uniforme-un-marqueur-ideologique-fort [en ligne, le 18/03/2025].
13. *Ici*, Natacha Kadur, « Un collectif de parents d’élèves veut mobiliser contre le test de l’uniforme à Metz », publié le 11 mars 2024. Consultable sur : https://www.francebleu.fr/infos/education/un-collectif-de-parents-d-eleves-veut-mobiliser-contre-le-test-de-l-uniforme-a-metz-9425987 [en ligne, le 18/03/2025].
14. *Ici*, Annaïg Haute, « Uniformes à l’école : on connaît le détail des votes des parents dans les écoles de Metz », publié le 29 mars 2024. Consultable sur : https://www.francebleu.fr/infos/education/uniformes-a-l-ecole-on-connait-le-detail-des-votes-des-parents-dans-les-ecoles-de-metz-1568099 [en ligne, le 18/03/2025].
15. *La Semaine*, Aurélia Salinas, « Débat sur l’uniforme à Metz : “Ça fait longtemps qu’on déshabille Pierre pour mal fagoter Paul” », publié le 22 février 2024. Consultable sur : https://www.lasemaine.fr/non-classe/debat-sur-luniforme-a-metz-ca-fait-longtemps-quon-deshabille-pierre-pour-mal-fagoter-paul/ [en ligne, le 18/03/2025].
16. *Actu.fr*, Florent Arnold, « Les uniformes scolaires de Metz moqués par un chroniqueur sur TMC », publié le 14 septembre 2024. Consultable sur : https://actu.fr/grand-est/metz_57463/quotidien-les-uniformes-scolaires-de-metz-moques-par-un-chroniqueur-sur-tmc_61606383.html [en ligne, le 18/03/2025].
17. *Le Parisien*, « Près des deux tiers des parents de Neuilly-sur-Marne favorables à l’uniforme à l’école », publié le 24 mars 2024. Consultable sur : https://www.leparisien.fr/seine-saint-denis-93/pres-des-deux-tiers-des-parents-de-neuilly-sur-marne-favorables-a-luniforme-a-lecole-24-03-2024-JCB7SBD455GJBCZDBN-LTROVVQE.php [en ligne, le 18/03/2025].
18. *Le Parisien*, Elsa Marnette, « Coût, processus de vote… À Neuilly-sur-Marne, tensions autour de l’expérimentation de l’uniforme à l’école », publié le 20 mars 2024. Consultable sur : https://www.leparisien.fr/seine-saint-denis-93/cout-processus-de-vote-a-neuilly-sur-marne-tensions-autour-de-lexperimentation-de-luniforme-a-lecole-20-03-2024-7ICGEOEVP5E3NKEZTBZXNBSRAE.php [en ligne, le 18/03/2025].
19. *ThomasPortes93*, « Uniforme scolaire : la lubie réactionnaire du maire rejetée massivement par l’école Amiard de Neuilly-sur-Marne », 4 avril 2024. Consultable sur : https://thomasportes93.com/en-circonscription/uniforme-scolaire-la-lubie-reactionnaire-du-maire-rejetee-massivement-par-lecole-amiard-de-neuilly-sur-marne/ [en ligne, le 18/03/2025].

20. *Change.org*, « Opposons-nous à l'expérimentation de l'uniforme à l'École Crozon en 2024 », publié le 5 avril 2024. Consultable sur : https://www.change.org/p/opposons-nous-%C3%A0-l-exp%C3%A9rimentation-de-l-uniforme-%C3%A0-l-%C3%A9cole-crozon-en-2024 [en ligne, le 18/03/2025].
21. *Ici*, Mathilde Montagnon, « Roanne : la mise en place de tenue unique à l'école Crozon décidée jeudi », publié le 9 avril 2024. Consultable sur : https://www.francebleu.fr/infos/education/roanne-la-mise-en-place-de-tenue-unique-a-l-ecole-crozon-decidee-jeudi-3064918 [en ligne, le 18/03/2025].
22. *France Info*, « Uniforme à l'école : l'expérimentation pour la rentrée 2024 peine à trouver des candidats » publié le 15 juin 2024. Consultable sur : https://www.francetvinfo.fr/societe/education/uniforme-a-l-ecole-moins-d-une-centaine-d-etablissements-candidats-a-l-experimentation-pour-la-rentree-2024_6604611.html [en ligne, le 18/03/2025].
23. *ActuToulouse*, Marie Lamarque, « Uniformes à l'école : après un "couac" avec l'État, cette ville près de Toulouse devrait poursuivre le test », publié le 11 mars 2025, Consultable sur : https://actu.fr/occitanie/balma_31044/uniformes-a-l-ecole-apres-un-couac-avec-l-etat-cette-ville-pres-de-toulouse-devrait-poursuivre-le-test_62358429.html [en ligne, le 24/03/2025].
24. *Idem.*
25. *Le Midi Libre*, « L'expérimentation de l'uniforme à l'école sera-t-elle reconduite à la rentrée scolaire 2025-2026 ? », publié le 9 mars 2025. Consultable sur : https://www.midilibre.fr/2025/03/09/lexperimentation-de-luniforme-a-lecole-sera-t-elle-reconduite-a-la-rentree-scolaire-2025-2026-12559239.php [en ligne, le 24/03/2025].
26. *Idem.*

CONCLUSION

1. Robert Merton, 1968.
2. *BFM RMC*, Philippe Gril, Jean-Jacques Bourdin, « Uniformes, levée de drapeau… Les méthodes atypiques d'une école de Montfermeil », publié le 16 janvier 2015. Consultable sur : https://rmc.bfmtv.com/actualites/uniformes-levee-de-drapeau-les-methodes-atypiques-d-une-ecole-de-montfermeil_AV-201501160318.html [en ligne, le 18/03/2025].
3. Pierre de Panafieu, 2018.
4. Olivier Galland, 2023.
5. *Ouest-France*, Lise Ouangari, « Uniforme à l'école : ce maire a essayé, il raconte pourquoi ça n'a pas marché », publié le 5 septembre 2023. Consultable sur : https://www.ouest-france.fr/education/ecole/uniforme-a-lecole-ce-maire-a-essaye-il-raconte-pourquoi-ca-na-pas-marche-7eb9055e-4bd8-11ee-baa4-3ed981c2f823 [en ligne, le 18/03/2025].
6. *Le Pays*, Aurélie Marchadier, « Uniforme scolaire : l'expérimentation pas prolongée l'an prochain à Roanne ? », publié le 24 février 2025. Consultable sur : https://www.le-pays.fr/roanne-42300/actualites/uniforme-scolaire-l-experimentation-pas-prolongee-l-an-prochain-a-roanne_14646203/ [en ligne, le 18/03/2025].

7. *France Info*, « L'uniforme scolaire est désormais expérimenté dans 204 établissements sur tout le territoire, deux fois plus qu'à la rentrée », publié le 20 décembre 2024. Consultable sur : https://www.francetvinfo.fr/societe/education/uniforme-scolaire-204-etablissements-l-experimentent-depuis-septembre-2024_6967220.html [en ligne, le 18/03/2025].

BIBLIOGRAPHIE

Adams, B., « The effectiveness of school uniforms on students' academic achievement and overall classroom behavior », *Theses and Dissertations*, 770, 2007. https://rdw.rowan.edu/etd/770.

Aebi, E. et Michèle, C., *Les Regards des professionnel-le-s du degré secondaire II sur l'habillement des élèves, révélateurs des enjeux de socialisation et de genre*, Lausanne, Master of Arts HES-SO en Travail social, 2024.

Aldana Bautista, A., « Dressed Bodies, Neat Appearances and Cursed Luxury: Towards a Body Aesthetic in the Colombian School », *Praxis & Saber*, vol. 18, n° 8, 2017.

Ansari, A., Shepard, M. et Gottfried, M. A., « School uniforms and student behavior: is there a link? », *Early childhood research quarterly*, n° 58, 2022.

Anstett, E., « De la série au modèle. Uniforme scolaire féminin et identité sexuée dans la Russie des années 1980 », *in* Élisabeth Anstett (éd.), *Les Objets ont-ils un genre ? Culture matérielle et production sociale des identités sexuées*, Paris, Armand Colin, 2012.

Balut, P.-Y., *Théorie du vêtement*, Paris, L'Harmattan, 2013.

Bälz, K., « La Reconstruction séculière du droit islamique : la Haute Cour constitutionnelle égyptienne et la "bataille du voile" dans les écoles publiques », *Droit et Société*, n° 39, 1998.

Barozet, E., « De la transition à l'explosion du 18-O : malaise et rébellion populaire aux portes de la terre promise », *IdeAs. Idées d'Amériques*, n° 15, 2020.

Baumann, C. et Krskova, H., « School discipline, school uniforms and academic performance », *International Journal of Educational Management*, vol. 30, n° 6, 2016.

Berger, P.L. et Luckmann, T., *La Construction sociale de la réalité*, Paris, Armand Colin, 2006.

Beck, U., *La Société du risque, sur la voie d'une autre modernité,* Paris, Aubier, 2001.

Bodine, A., « School uniforms, academic achievement, and uses of research », *The Journal of Educational Research*, vol. 97, n° 2, 2003a.

Bodine, A., « School uniforms and discourses on childhood », *Childhood,* n° 10, 2003b.

Breuillard, M., « La Religion à l'école en Angleterre, entre enseignement obligatoire et liberté d'expression », *Cahiers de la recherche sur les droits fondamentaux*, n° 4, 2005.

Boudet, J., « L'Enseignement dans le département du Puy-de-Dôme : les projets napoléoniens au crible des réalités locales (1799-1815) », *Annales historiques de la Révolution française*, n° 364, 2011.

Brookshire, A., *The Impact of School Uniforms on School Climate*, Walden University, Walden Dissertations and Doctoral Studies, 2016. https://scholarworks.waldenu.edu/dissertations/2249.

Brunel, F., « La politique sociale de l'an II : un "collectivisme individualiste" ? », *in* Pierre Crétois et Stéphanie Roza (éds.), *Le Républicanisme social : une exception française ?*, Paris, Éditions de la Sorbonne, 2014.

Brunsma, D., *School uniforms: A critical review of the literature*, 2002. https://eric.ed.gov/?id=ED464420.

Brunsma, D., *The school uniform movement and what it tells us about American education. A symbolic crusade*, R & L Education, 2004.

Brunsma, D. (dir.), *Uniforms in public schools: A decade of research and debate*, Rowman & Littlefield Publishing, 2005.

Brunsma, D., « School Uniform Policies in Public Schools. The school uniform movement continues to grow despite research indicating that it doesn't do what it's supposed to do », *Principal-A Healthy Child*, vol. 85, n° 2, 2006.

Brunsma, D. et Rockquemore, K. A., « Effects of student uniforms on attendance, behavior problems, substance use, and academic achievement ». *The Journal of Educational Research*, vol. 92, n° 1, 1998.

Brunsma D. et Rockquemore K.A., « Statistics, Sound Bites, and School Uniforms: A Reply to Bodine », *The Journal of Educational Research*, vol. 97, n° 2, 2003.

Buisson, F., « L'Instruction primaire en France de 1789 à 1889 », *Revue pédagogique*, n° 1, vol. 14, 1889.

Caron, C., *Vues, mais non entendues. Les adolescentes québécoises et l'hypersexualisation*, Québec, Presses de l'université Laval, 2014.

Caruso, P., « Individuality *vs.* conformity: The issue behind school uniforms », *Nassp Bulletin*, vol. 80, n° 581, 1996.

Chanet, J.-F., « L'Instruction publique », *in* Jean-Jacques Becker (éd.), *Histoire des gauches en France*, vol. 1, Paris, La Découverte, 2005.

Cohen, S., *Folk Devils and Moral Panics: The creation of Mods and Rockers*, Londres, MacGibbon and Kee,1972.

Craik, J., *Uniforms exposed: From conformity to transgression*, Paris, Berg, 2005.

Cribbie, R. A., « Multiplicity control, school uniforms, and other perplexing debates », *Revue canadienne des sciences du comportement*, vol. 49, n° 3, 2017.

Cui, Y., Fang, X., & Zhou, H., « Green Design and Sustainable Development of School Uniforms », *IOP Conference Series: Materials Science and Engineering*, vol. 301, n° 1, 2018.

Cuttat, J., *L'Instauration d'un uniforme scolaire, analyse des représentations des enseignant-e-s et des élèves de l'école secondaire du Val Terbi*, travail écrit de recherche, Haute École Pédagogique – BEJUNE, 2023.

Coutant, N. et Le Guennec, A., « Le Vêtement à l'école, un projet de recherche au Musée national de l'éducation », *Apparence(s)*, n° 9, 2019.

DaCosta, K., « Dress code blues: An exploration of urban students' reactions to a public high school uniform policy », *The Journal of Negro Education*, vol. 75, n° 1, 2006.

Darcos, X., *Dictionnaire amoureux de l'école*, Paris, Plon, 2016.

Draa, V., « School Uniforms in Urban Public High Schools », 2005. https://eric.ed.gov/?id=ED497409.

D'Silva, N., *L'École sous les arbres : scolariser les enfants des bidonvilles*, Ivry-sur-Seine, Éditions de l'Atelier, 2002.

De Michele, G., *La scuola è di tutti*, Rome, Minimum Fax, 2012.

Detombe, B., « L'Uniforme et l'École : sortir des faux-semblants », note de la Fondation Res Publica, 2024. https://fondation-res-publica.org/2024/01/18/luniforme-et-lecole-sortir-des-faux-semblants/#presentation.

Dubet, F., *Le Déclin de l'institution*, Paris, Le Seuil, 2002.

Durham, M. G., *The Lolita effect : The media sexualization of young girls and what we can do about it*, New York, Abrams, 2009.

Dussel, I., « School uniforms and the disciplining of appearances. Cultural history and education: Critical essays on knowledge and schooling », *in* Thomas Popkewitz, Barry M. Franklin et Miguel Pereyra (dir.), *Cultural History and Education: Critical Essays on Knowledge and Schooling*, Londres, Routledge, 2001.

DUSSEL, I., « Cuando las apariencias no engañan : una historia comparada de los uniformes escolares en Argentina y Estados Unidos (siglos XIX-XX) », *Pro-Posiçoes*, vol. 46, n° 1, 2005.

EDWARDS, T. K. et MARSHALL, C., « Undressing policy: A critical analysis of North Carolina (USA) public school dress codes », *Gender and Education*, vol. 32, n° 6, 2020.

ELIAS, N., *La Dynamique de l'Occident*, Paris, Calmann-Lévy, 1975.

ESPINAS, A., *La Philosophie sociale du* XVIIIe *siècle et la Révolution*, Paris, Félix Alcan, 1898.

EVANS, D., KREMER, M. et NGATIA, M., *The impact of distributing school uniforms on children's education in Kenya*, Washington, World Bank, 2008.

FOURN, F., « "La Mode ne varie jamais en Icarie", ou comment s'habiller en communiste au XIXe siècle », *Modes pratiques. Revue d'histoire du vêtement et de la mode*, n° 2, 2017.

FAUST, B. C., *Sur un vêtement libre, uniforme et national à l'usage des enfants*, note à l'Assemblée nationale, 1792.

FLAVIER, H., « Le Principe de laïcité en Russie et le port des signes religieux à l'école », *in* Hiam Mouannès (éd.), *La Territorialité de la laïcité*, Toulouse, Presses de l'Université Toulouse Capitole, 2018.

FRANCEQUIN, G., *Le Vêtement de travail, une deuxième peau*, Toulouse, Eres, 2008.

FRIEDRICH, J., Shanks, R., « "The prison of the body": school uniforms between discipline and governmentality », *Discourse: Studies in the Cultural Politics of Education*, vol. 44, n° 1, 2021.

FUKUYAMA, F., *La Fin de l'histoire et le dernier homme*, Paris, Flammarion, 2009.

GALLAND, O., « Éducation : le retour de l'école réac ? », *Télos*, 2023. https://www.telos-eu.com/fr/societe/education-le-retour-de-lecole-reac.html.

GAUTHIER, R. F. et ROBERT, A., *L'École et l'argent*, Paris, Retz, 2011.

Gertler, P. *et al.*, *L'Évaluation d'impact en pratique*, Washington, World Bank, 2011.

Giddens, A., *Les Conséquences de la modernité*, Paris, L'Harmattan, 1994.

Giordano, D., « Acrobaties face au désastre. Une houle d'espoir dans l'université italienne moribonde », *Multitudes,* n° 39, 2009.

Girouard, M., *The Return to Camelot: Chivalry and the English Gentleman*, Londres, Yale University Press, 1981.

Goffman, E., *Les Cadres de l'expérience*, Paris, Éditions de Minuit, 1991.

Gougeaud-Arnaudeau, S., *Entre gouvernants et gouvernés : le pédagogue du* xviiie *siècle*, Villeneuve-d'Ascq, Presses universitaires du Septentrion, 2000.

Grichanyuk, O. *et al.*, « The use of elements of national costume in the design of school uniforms in different countries of the world », *Valorificarea patrimoniului etnocultural,* n° 5, 2020.

Guillaume, J., « Lepeletier de Saint-Fargeau », *in* Buisson F., *Nouveau dictionnaire de pédagogie et d'Instruction primaire*, Paris, Librairie Hachette, 1887.

Hargreaves-Mawdsley, W.N., *A History of Academical Dress in Europe Until the End of the Eighteenth Century*, Oxford, Oxford University Press, 1963.

Harten, H.-Ch., *Les Écrits pédagogiques sous la Révolution*, Paris, Institut national de recherche pédagogique, 1989.

Hartmann, K., *La Tenue vestimentaire des élèves du secondaire*, mémoire de master, Delémont, Haute École pédagogique BEJUNE, 2023.

Huss, J. A., « The role of school uniforms in creating an academically motivating climate: Do uniforms influence teacher expectations? », *Journal of Ethnographic & Qualitative Research*, n° 1, 2007.

Jibrin, I., « Les uniformes des lycéennes nigérianes », *Politique africaine*, n° 29, 1988.

Johnson, W. S., *Analyses of the impact of school uniforms on violence in North Carolina public high schools*, Greenville, East Carolina University, 2010.

Jolivet, M., *Japon, la crise des modèles*, Arles, Philippe Picquier, 2010.

Jones, A. B. *et al.*, « Perceptions of school uniforms in relation to socioeconomic statuses », *RMLE Online*, vol. 43, n° 6, 2020.

Jousse, M., *L'Anthropologie du geste*, Paris, Gallimard, 1974.

Julia, D., *Les Trois Couleurs du tableau noir. La Révolution*, Paris, Belin, 1981.

Kaufmann, J.-C., « Rôles et identité : l'exemple de l'entrée en couple », *Cahiers internationaux de sociologie*, vol. 98, 1994.

Kaufmann, J.-C., *Corps de femmes, regards d'hommes, sociologie des seins nus*, Paris, Nathan, 1995.

Kaufmann, J.-C., *La Fin de la démocratie, apogée et déclin d'une civilisation*, Paris, Les Liens qui Libèrent, 2019.

Kaufmann, J.-C., *L'Homme reconstruit*, Paris, Buchet-Chastel, 2024.

Kamdem, P., « Scolarisation et vulnérabilité : les enfants réfugiés centrafricains dans la région de l'Est-Cameroun », *Espace populations sociétés*, n° 3, 2016.

Kammarti, A., « L'Anti-mode par ses idées », *Perspective*, n° 2, 2023.

Kerrou, M., *Hijâb, nouveaux voiles et espaces publics*, Tunis, CERES, 2010.

Kimura, T., « Roles of Imitation Seifuku School Uniforms in Japan : A Case Study of Students at Uniform-Free Schools and the Iconic J-pop Performers of AKB48 », *Journal of Asia-Pacific Pop Culture*, vol. 8, n° 1, 2023.

Kinsella, S., « What's behind the fetishism of Japanese school uniforms ? », *Fashion Theory*, vol. 6, n° 2, 2002.

Kraft, J. A., « Society's perceptions and attitudes toward school uniforms », Master of Science Degree In Education, University of Wisconsin-Stout, 2003.

Lachance, J. et Denis J., *Codes, corps et rituels dans la culture jeune*, Québec, Presses de l'université Laval, 2012.

Lange, M. F., « Espaces scolaires en Afrique francophone », *Ethnologie française*, vol. 37, n° 4, 2007.

Lanoue, É., « L'École à l'épreuve de la guerre : vers une territorialisation des politiques d'éducation en Côte d'Ivoire ? », *Politique africaine*, n° 4, 2003.

Laval, T., « Najaf à l'heure du pantalon : les enjeux de l'école moderne dans une ville sainte, 1908-1958 », *Revue des mondes musulmans et de la Méditerranée*, n° 154, 2023.

Lazarine, C., « The Effects of Fashion Trends on the Perceptions of School Uniforms », *Theses & Dissertations*, 327, 2018. https://athenaeum.uiw.edu/uiw_etds/327.

Lebon, L., *Répertoire historique, analytique et raisonné de l'enseignement populaire en Belgique,* Bruxelles, C. Muquardt Éditeur, 1871.

Lee, S. Y. *et al.*, « Reciprocal and prosocial tendencies cultivated by childhood school experiences: School uniforms and the related economic and political factors in Japan », *International Journal of Educational Development*, n° 83, 2021.

Le Guennec, A., « Costume écossais et mode enfantine de 1850 à nos jours : les avatars du kilt pour enfant », *in* Jean-Pierre Lethuillier (éd.), *Les Costumes régionaux*, Rennes, Presses universitaires de Rennes, 2009.

Le Guennec, A., « Du musée à la thèse : vers un modèle d'étude du vêtement de l'enfant », *Tétralogiques*, n° 23, 2018.

Lelièvre, C., *L'École républicaine ou l'histoire manipulée, une dérive réactionnaire*, Bordeaux, Le Bord de l'eau, 2022.

Lelièvre, C., *L'École d'aujourd'hui à la lumière de l'histoire : contre-vérités et surprises*, Paris, Odile Jacob, 2021.

Le Peletier, M., « Plan d'éducation nationale », *Enfance*, t. 42, n° 4, 1989.

Lipovetsky, G., *L'Ère du vide, essais sur l'individualisme contemporain*, Paris, Gallimard, 1983.

Marchand, P., « Naissance et affirmation de l'État enseignant 1802-1815 », *Napoleonica, La Revue*, vol. 41, n° 3, 2021.

Matri, K., *Port du voile : représentations et pratiques du corps chez les femmes tunisiennes*, thèse en sociologie, université René-Descartes Paris V, 2014.

McSharry, M., « School Uniforms in Ireland : The Intersection of Religion, Class and Gender », *in* Shanks, R. (éd.) *et al.*, *School Uniforms: New Materialist Perspectives*, Cham, Springer International Publishing, 2023.

Meadmore, D. et Symes, C., « Of uniform appearance: A symbol of school discipline and governmentality », *Discourse: Studies in the Cultural Politics of Education*, vol. 17, n° 2, 1996.

Merton, R., *Éléments de théorie et de méthode sociologique*, Paris, Plon, 1968.

Mitchell, H. W. et Knechtle, J. C., « Uniforms in public schools and the first amendment: A constitutional analysis », *Journal of Negro Education*, vol. 72, n° 4, 2003.

Moizo, B., « Bien éduquer ou mieux intégrer : le dilemme de l'éducation primaire parmi les populations montagnardes du nord de la Thaïlande », *Inter-Mondes*, vol. 2, n° 1, 1991.

Montino, D., *Con il grembiule siamo tutti più buoni! La scuola italiana tra falsi problemi e pessime soluzioni*, Pontetetto, Selene, 2009.

Neveu, B., « Le Costume universitaire français : règles et usage », *La Revue administrative*, vol. 49, n° 293, 1996.

Nicolle, S., « La réorganisation de l'enseignement primaire et secondaire en Normandie sous Napoléon Ier : l'exemple du Calvados », *Éduquer et Instruire en Normandie*, Actes du 50e Congrès organisé par la Fédération des sociétés historiques et archéologiques de Normandie à Saint-Lô, 14-17 octobre 2015, 2016.

Orizet, H., « L'Uniforme scolaire dans le discours juridique », *in* François Saint-Bonnet, Yves Sassier et Jean Dhommeaux (dir.), *Habit, tenue, vêtement, uniforme, ce qui regarde le droit*, La Roche-sur-Yon, CRICES, 2019.

Panafieu, P. de, *Cas d'écoles*, Paris, Fayard, 2018.

Park, J., « Do school uniforms lead to uniform minds?: school uniforms and appearance restrictions in Korean middle schools and high schools », *Fashion Theory*, vol. 17, n° 2, 2013.

Penttinen, L. E., *A research upon school uniforms and personal style: thoughts and experiences of Japanese university students*, mémoire de maîtrise, Kuopio, Itä-Suomen yliopisto, 2011.

Pereira, C., Ibrahim, J. et Heinen, J., « Le Corps des femmes, terrain d'entente de l'islam et du christianisme au Nigeria », *Cahiers du genre*, n° 1, 2012.

Reidy, J., « Reviewing school uniform through a public health lens: Evidence about the impacts of school uniform on education and health », *Public Health Reviews*, n° 42, 2021.

Rodriguez, J., *The effects of school uniforms on self esteem*, thèse, Glassboro, Rowan University, 2005. https://rdw.rowan.edu/cgi/viewcontent.cgi?article=2068&context=etd.

Sabic-El-Rayess, A., *et al.*, « School uniform policy's adverse impact on equity and access to schooling », *Compare: A Journal of Comparative and International Education*, 2019.

Ryan, M., *et al.*, « Are school uniforms associated with gender inequalities in physical activity? A pooled analysis of population-level data from 135 countries/regions », *Journal of sport and health science*, vol. 13, n° 4, 2024.

Sausse, J., « L'Uniforme dans les utopies du xvie au xixe siècle : l'exemple de l'Icarie d'Étienne Cabet », Poitiers, L'IHD se fait une toile, 2013. https://amu.hal.science/hal-02125121/document.

Sansot, P., *Les Gens de peu*, Paris, PUF, 1991.

Seri-Hersch, I., « Éducation et violence en contexte transitionnel : l'enseignement des "sciences militaires" au Soudan, du Comprehensive Peace Agreement à la sécession du Sud (2005-2011) », *Études sémitiques, mélanges rassemblés à la mémoire de Philippe Cassuto*, p. 221-239, 2023.

Shanks, R., (éd.) *et al.*, *School uniforms: New materialist perspectives*, Heidelberg, Springer Nature, 2023.

Shajarizadeh, S., *La Liberté n'est pas un crime*, Paris, Plon, 2020.

Simmel, G., *Philosophie de la modernité,* tome II *Esthétique et modernité, conflit et modernité, testament philosophique*, Paris, Payot, 1990.

Sinpeng, A., « Hashtag activism: social media and the # FreeYouth protests in Thailand », *Critical Asian Studies*, vol. 53, n° 2, 2021.

Stephenson, K., *« It's not for the sake of a ribboned coat! » A history of British school uniform*, thèse de doctorat, Toronto, Université de York, 2016.

Stephenson, K., *A Cultural History of School Uniform*, Exter, University of Exeter Press, 2023.

Stockton, C., Gullatt, D. E. et Parke, D. R., « School uniforms: Policies and procedures », *Research in Middle Level Education Annual*, vol. 25, n° 1, 2002.

Swaan, A. de, *La Société transnationale : langues, cultures et politiques*, Paris, Le Seuil, 2022.

Synott, J. et Symes, C., « The genealogy of the school: An iconography of badges and mottoes », *British Journal of Sociology of Education*, vol. 16, n° 2, 1995.

TOMOKO, N., « L'Uniforme scolaire à travers les âges au Japon », *Nippon*, 2018. https://www.nippon.com/fr/column/g00554/?pnum=2.

TONDELLIER, M., *L'Uniforme scolaire à la Martinique : interroger l'évidence*, Paris, L'Harmattan, 2024.

VOPAT, M. C., « Mandatory school uniforms and freedom of expression », *Ethics and Education*, vol. 5, n° 3, 2010.

WAGNER, P., *Liberté et Discipline, les deux crises de la modernité*, Paris, Métailié, 1996.

WALMSLEY, A., « What the United Kingdom can teach the United States about school uniforms », *Phi Delta Kappan*, vol. 92, n° 6, 2011.

WEBSTER, E., « New Zealand School Uniforms in the Era of Democracy: 1965 to 1975 », *Costume*, vol. 42, n° 1, 2008.

WENZEK, F., « Être musulmane dans un système scolaire dominé par des chrétiens : expériences d'élèves tanzaniennes (années 1930-années 1970) », *Revue des mondes musulmans et de la Méditerranée*, n° 154, 2023.

WILKEN, I. et VAN AARDT, A., « School Uniforms: Tradition, benefit or predicament? », *Education as Change*, vol. 16, n° 1, 2012.

WILKINS, J., « School uniforms », *Humanist*, vol. 59, n° 2, 1999.

WOO, J. M., *et al.*, « Student, teacher, and school counselor perceptions of national school uniforms in Malaysia », *Frontiers in Psychology*, vol. 11, 2020.

YEUNG, R., « Are school uniforms a good fit? Results from the ECLS-K and the NELS », *Educational Policy*, vol. 23, n° 6, 2009.

TABLE DES MATIÈRES

DEUXIÈME PARTIE
COMPRENDRE L'UNIFORME

TROISIÈME PARTIE
DÉBATS

264212 - (I) - BAB 80° - BPE - DNN
Dépôt légal : août 2025 - N° 2001279
Achevé d'impression par Imprimerie CHIRAT
42540 Saint-Just-la-Pendue
Imprimé en France